新鐫仙媛紀事

第一輯
第9册

新鐫仙媛紀事

正編
第7種

(新編)新鐫仙媛紀事目錄

(原)新鐫仙媛紀事目錄……二五

卷二

卷三……一七一

卷六……三七一

叙儷媛紀事

蓋燭龍啟暉則五濁薰心

滄海揚塵而六欲灼世嗟

歲年之易謝盼仙路之難

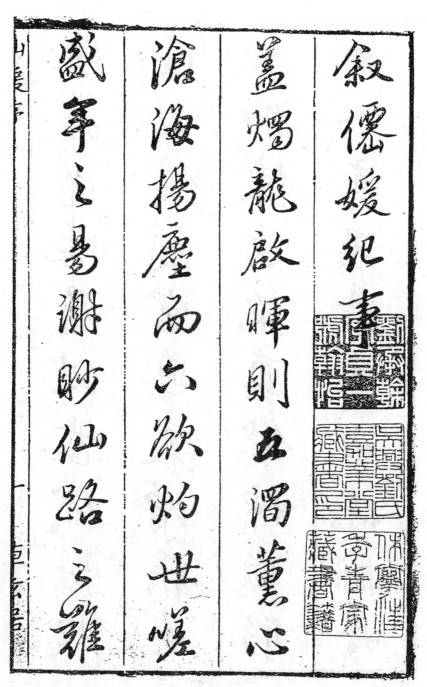

逆甚者蛾眉醯伐性戕
生椒館蘭宮導褻增疾是
要知懷玄抱真鍊神飛形
出入有無長生永視排具

霄而遐峯若武厥肴滌嫚

擢秀玉房霓裳從風兩袖

揚娟止從傳姆之訓動閑

環珮之節出蓋華燭煌耀

明璫此豈稱古今僅麗爾

已而有獨存帖語記志玄

風格是厭臨流之洛欽慕

含霞之靈室遂神游五岳

食餌三芝之驂紫鳳以遨遊
翱閶闔而升降煉石髓擢
岑登操丹砂擢錦川斯亦
逍遙自然靈化莫為者乎

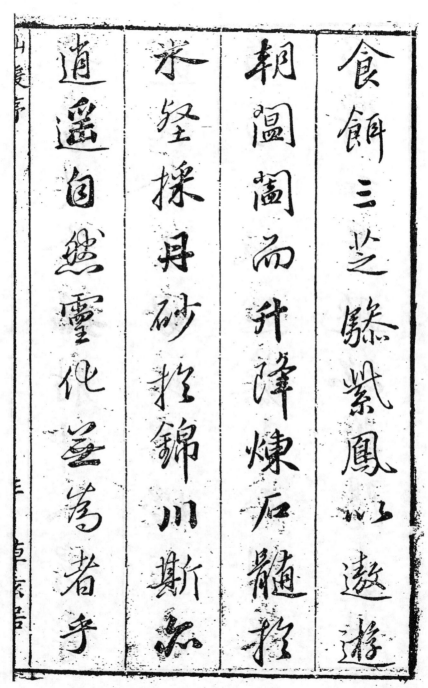

昔嵩叟徐姑射神人續傳
遂昆侖王母毗儷媛亦晹
与乃子啟然蔡太乙列僊
乃傳翊景邂逅華陽真誥

斯著高風大播徽音永傳
矣而專摛彤管寔搜素書
萃緝成編事如有待楊君
聖裔棲神五英之闕潛志

八樹之林孤標物表飄然欲僊爰輯輟丹鉛之暇考索仙宮之緣起自殷時迄於昭代得女仙如干人為

傳九卷付之匠氏微言指
余夫僊有宿根道先靈顧
女雖陰類寔合主陽故採
道指窅冥即超攝指玄妙

蓬萊豈盡便是仙梯如或
據素女之術海夏姬之濡
秖以趣齡詎堪蟬蛻浹覽
觀化斯其獨存者哉

眞實居士馮夢禎開之

題

仙媛紀事序

昔人逍遙金雉會遇瓊檻周滿興謠於白雲漢武傳言於青女江臯佩解明輝將翠質繽紛贏室臺成鳳羽共簫音縹緲代誇

盛事生平之人或植根仙苑或擢秀凡林或吐納六氣或服餌九還或締情結契留色澤於人間或離世絕緣歸精神於天上若夫還精導養續命玄素西京

靄圍東方細君道有存焉風斯
下矣黙莫不鐔鋭塵中鳳翔物
表霜摧露隕不凌翦骨之塵軸
轉輪旋莫損氷膚之紀使人忘
擬同皃髮氈兹鶴矚霓裳而邑

飛望瓊光而目斷乃有東國才
人西鄰公子道有契於三真志
求超乎六欲廣蒐逸史爰集通
仙披圖而邑澤如存攬籍而精
神若覲遂令瀛瀾弱水通層波

栘硯池碧草瑤花聯芳枝於几
岸非誣非約可濾可傳嗟夫合
辟湍流蕭艾芝蘭共盡旋原電
徙碔砆碗琰同捐未若百紀游
龜尚登蓮葉千齡壽鶴或舞松

枝緬彼金屋麗姝綺樓名嬡暈眉約鬢自喜傾城吐蕙含蘭咸誇絕代辭日及之在條亦浮豔而為羽莫不縈魂蔓草委骨窮塵豈識萬古方春千霜一髮玄

水絳雲逶迤宮閣棗花桃實爍
爛球琳吸雲英而餐玉液無煩
聚窟之胡香凌倒景而彫若華
奚取瓊田之靈草哉是集也無
亦憐塵躅而期步虛懷雲軿而

悲日適者也

虎林次星邵于崘

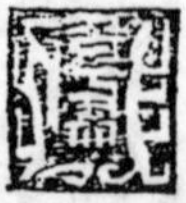

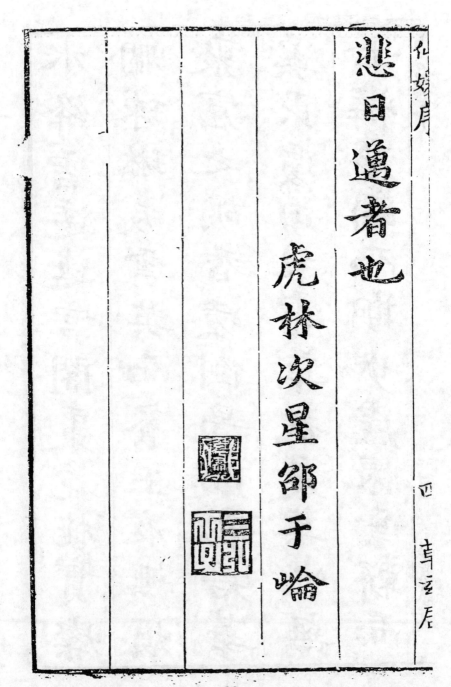

讀仙媛紀事

古蓬萊才女瀟湘裡說可鏡乃去

媚眉能留之孫齋貴而可以為業

娛家為之事雅果且依相靈遷舞

集名垂石以聖於所以定課精是案

山愛亭　一草六號

鎮遠將軍孫禪居如舉事
以稱不雜未體之志見去為性
器欲大志嶮巇斷絕不廻步
川歷以津涉之隱何論
業為由東為縣令贈蝶帰

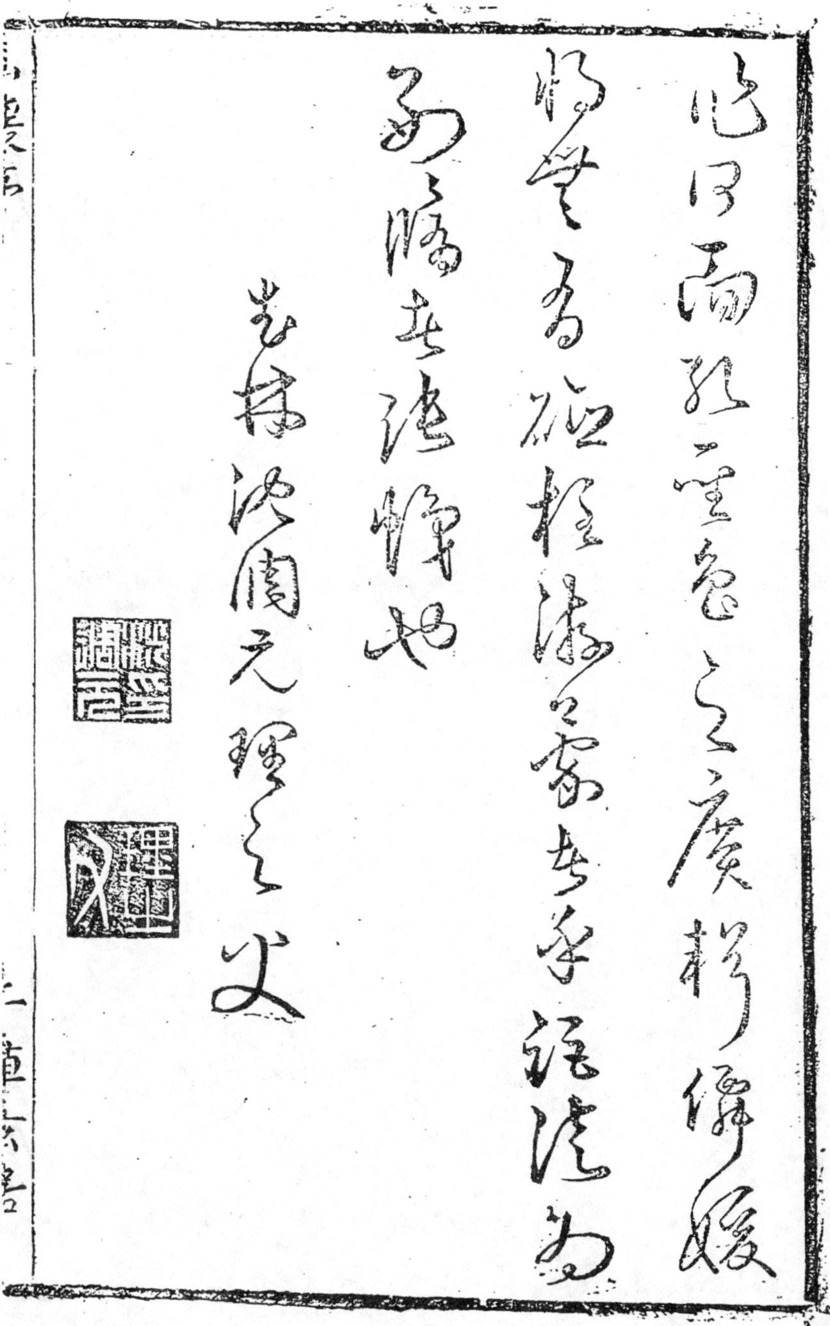

新鐫仙媛紀事目録

第一

第二

太真夫人　皇太姥

嫦娥　織女

昌容　明星玉女

園客妻　中候王夫人

女偊　李真多

嬴女　太陽女

太陰女　魚氏二女

第三

張梔枝　傅禮和

張微子　竇瓊英

劉春龍　郭叔香

孫寒華　郝姑

張玉蘭　王妙想

成公智瓊　麗女

褒女　魏夫人

王進賢　李奚子

萼綠華　錢妙真

第四

雲英　鮑姑

丁儵英　黃仙姑

趙愛兒　王魯連

九華安妃　河圵王母

韓西華　王抱臺

王奉仙　梁母

台州鮀姑　浦江仙姑
山中美女　赤城山二女
馬大仙　唐廣真
武元照　漁翁女
張主簿妻　麻衣仙姑
張仙姑　魯生女
陳仁嬌　建昌麻姑
孫仙姑　西真仙子

玉源夫人

第八

曇陽子

第九

劉香姑　玉灘仙女

茍仙姑

補遺

炎帝少女　賈氏

目録終

新鐫仙媛紀事第一

錢唐雉衡山人楊爾曾輯

無上元君

老君雖歷代應現而未有誕生之迹將欲和光同塵以立世教乃先命玄妙玉女降為天水尹氏之女為益州洞仙人李靈飛之配玄妙玉女即無上元君也靈飛本皐陶之後至商時父子相承得修生之道父慶賓年百歲餘嘗有少容周遊五嶽諸山一旦飛雲

下迎白日昇天靈飛感父昇天之事精修大道亦百有餘歲當老君未誕而昇天至商十有八世王陽甲踐祚之十七年庚申之歲老君自太清境分神化氣乘日精駕九龍化為五色流珠下降時尹氏晝寢夢天關數丈衆仙捧日出良久見日漸小從天而墜為五色珠大如彈丸因捧而吞之覺而有娠今亳州天靜宮有流星壇即其處由是容色亦少神氣安閑所居之室六氣和平冬無凝寒夏無泮暑祥光照室衆惡不侵八十

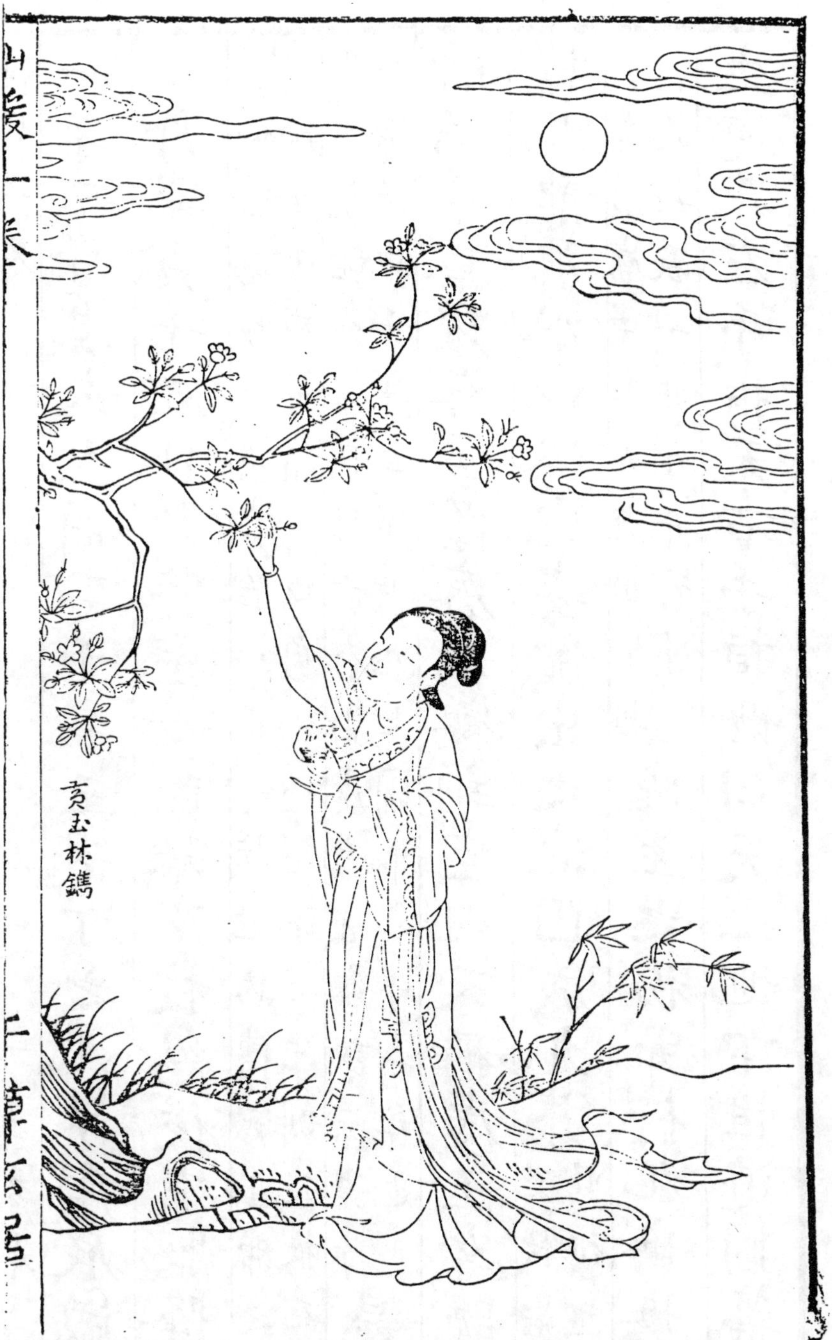
黃玉林鐫

一年不覺其久至商二十一王武丁之九年庚辰歲二月建寅十五日卯時聖母因攀李枝忽從左腋降生仙傳所載皆云在胎八十一年淮內傳云上帝之師元帝感日精入口因娠經七十二年剖左掖而生二說雖或不同然亦有由虞宣出塞記云老子復命胎中七十二舉候九年則亦八十一年也是時陽景重耀祥雲蔭庭萬鶴翔空九天稱慶玉女蹝捧九龍薦水以浴聖姿龍出之地因成九井漢伏滔北征記云老君廟中有九井水皆相通故每汲一井九井皆通降生之初即行九步步生蓮花左手指天右手指地曰天上地下惟道獨尊

我當開揚無上道法普度一切動植衆生周徧十方及幽牢九獄度應未度咸悉度之隱顯人間爲國師範位登太極無上神仙號曰聃(或作擔者漢字通用也)名耳字伯陽或曰伯陽父者尊老之稱也一名雅字伯宗一名志字伯光一名石字孟公一名重字子文一名定字元陽一名元字伯始一名顯字元生一名德字伯文老君降生九日身有九變皆天冠天衣自然被體仍有七十二相八十一好七十二相者頭圓如天面

光象曰伏犀突起玉枕窮隆皓髮如鶴長七尺餘眉如北斗其色翠緑虎鬚龍髯素結如絲耳有垂珠中有三門高平於頂厚而且堅河目日光方瞳緑睛鼻有雙柱準骨豐隆口方如海唇赤如丹氣有紫色其香若蘭齒如編貝其堅若銀數有六八上下均平舌長且廣形如錦紋其音如玉其響如金顴高而起顋方若矩日角月洞金容玉姿龍顏肅肅鳳視閑閑額有兊象三午上達天庭平坦金匱充盈頰有白痣顋

有玉九頂有三約鶴索昂昂垂臂過膝手握十文其指纖長各有策文爪有玉甲身有綠毛胷有偃骨背有河魁臍溪逾寸腹軟如綿心有錦紋腹有玄誌眼有輪文足蹈二弔指有乾坤身長丈二編體芳香面方而澤上下三停體如金剛貌若琉璃行如虎步動若雷霆此其相也左扶青龍右據白虎前導朱雀後從玄武頭蔭紫雲足履蓮花項負雙景五明耀日身有圓象洞照九天兼前仙相光色奇妍總八十一謂

之好也寄胎八十一年極太陽九九之數生而皓首故號為老古人稱師為子又子者男子之通稱故號老子居於陳國苦縣瀨鄉仁里曲渦水之陰即今亳州衛真縣也聖母既誕育道身將返天闕復元君之位欲示世人以師資授受之道乃告老君曰夫人受生於天地中有清有濁氣之清者清明慈仁氣之濁者愚癡凶虐明者因修以成性昧者恣欲以傷命性者身之厚也命者生之根也是故修學之人煉身十九丹結於

五神引氣於本生滅根於三關九煉十變百節開明能結斷滅方知本貞而成上仙着也不修學則邪魔入身百病競生死不盡命痛乎難言夫仙由心學心誠則仙成道貴內求內密則道來能致靜以合真積虛以通神則取仙日近矣苟心競神勞體煩不專動靜喪精耳目廣明從積稔索道道愈遠也寄寓天地間少許時爾若能攝氣營神辛苦注貞久將得道則與天地共寄寓太無中也能動虛體無則視之不見

聽之不聞乃與道合真矣老子曰今混迹塵寰欲常存不死隨世度之可乎元君曰吾有秘寶非聖不傳有能修之可以長存老子曰願聞其致元君曰至道淵奧深不可識匪有匪無匪聲匪色視之不見搏之不得囊括天地至大無極近在諸身莫之能測能知其則是爲玄德老子曰其道亦有卜術以致之乎元君曰道者虛通之至真術者變化之玄技道因術以濟人人因修而會道則變化無窮矣夫道之要者無

為而自然術之秘者符與氣藥而已符者三光之靈文天之真性也藥者五行之華英地之精液也氣者陰陽之和粹萬物之靈爽也人雖得一事未畢要資藥道乃訖此吾之秘寶爾能兼之可以長存度人無量矣老君曰身者得道之器也氣者致命之根也根乏之則命終器敗則道去今欲修之令命固道隆可得聞乎元君曰人稟骨肉之資猶陶家坯也坯未治則敗速身未煉則命促理固然也縱使德冠羣有神跡

大玄而身猶未免乎老死夫何故哉由化致然不得不然也惟藥能煉形符能致神神歸則心通而性寂形堅則氣固而命全然後化氣變精洞入無形飛形虛空存王自然乃能長存得道之人雖遭刼交天地崩淪而災不能及爾以責乎符藥者由此也老君曰服神丹而長生者神靈祐之乎符藥之力耶元君曰長生之功由於丹丹之成由於神故將合丹必正身心不履罪過神明祐之作丹必成神丹入口壽無窮

已天地明察道人歸仁萬坵蠢蠢名曰行尸不信長生之可學謂為虛誕從朝至暮但作求死之事天豈能強主乎恣心盡欲奄忽轗死千金送葬何所益哉則神丹之道成不惟長生而亦可作世寶也知此道者亦安用天下為人有以國易吾方而非其人不傳也老子稽首曰願聞其旨元君乃仰天而嘯儵忽有紫雲如蓋自天奄至地中有五色蘊光明八達仙人消子侍之元君披出神圖寶章變化之方還丹伏火

水求金液之術凡七十二篇以授老君其文曰一爲玄水生金宮太陽流珠入華池斤内五兩文菱蕤赤鹽白雪成雄雌五符九丹得之飛真道在此人不知五符者一曰玄白二曰金精三曰飛符四曰金華五曰三五青龍精九丹者一曰白雪九轉還丹二曰雌雄九轉還丹三曰黃華九轉還丹四曰白華九轉還丹五曰丹華九轉還丹六曰五色九轉還丹七曰泥汞九轉還丹八曰金精九轉還丹九曰九畳極耀還

丹此九丹得一則可以長生不在徧作也神丹之道
皆三化五轉至九而止得服之者與吾等矣神仙之
道不在祭祀禱鬼神不在導引與屈伸不在呪願多
語言不在精思自苦勤長生之要在神丹知之甚易
為實難子能行之可長生此之道存立得仙吾亦學
得非自然老子再叩頭稽首曰九丹之道既奉慈訓
矣竊聞求仙不得金液虛自苦辛願示其要元君曰
大哉子之問也九丹金液同為昇天之道然九丹中

金液為上所以爾者服九丹之人或三年或二年或一年或半年或百日或十日三十日三日乃有仙官雲龍来迎惟服金液者入口則身成紫金立生羽翼昇天為仙官矣凡欲服之須先長齋斷穀一年乃得服之自非有玄中之籙及不死之名者終不聞得金液之道也其法依前合丹金成而液之其道必矣此吾之秘寶也凡有千二百訣吾於從刼塵沙天地之先受之於元始天尊奉而行之得居無上元君之位

吾昔已傳至真大聖大帝上帝太微太一元君令又授爾爾其勉之老君受訖復請曰萬兆芸芸動之死地令以此廣濟如何元君曰悠悠之徒貪榮嗜欲死者若墜石投川往而不返甚可痛傷然道不虛行必授其人此道高妙秘於九玄瓊臺雲笈萬年一行貽諸玄籙玉名宜自非宿命骨分及丹苦之人不得聞也遇人多過方向驅除烏得違天科而妄宣乎吾道盡此將去矣當遣太一元君語汝言訖即有千乘萬

騎五帝上真擁八景玉輿迎之昇天今太清神丹經其法乃出于太一元君其神能調和陰陽役使風雨進退五星斟酌寒暑驂駕九龍十二白虎天下衆山皆仰籙馬人之生死咸由之猶言服丹所致也

太一元君

老君乃遠遊山澤求練神丹行經勞山果遇太一元君乘五色斑麟侍官數十人老君從之問道元君曰道之要在乎還丹金液耳遂且受秘訣他年之歷山復會太一元君因謝神丹之方元君曰吾是羣仙之

尊爲道之主玄靈秘術本玄分也奚屑謝焉老君曰
凡民無知死者甚衆憮心泣血見之傷悲欲給以神
藥令皆得長生可乎元君曰不可生道至重必授大
賢及孝順篤實之士天生萬物有善有惡善者宜生
惡者宜降不足給藥給皆生也君已知之不可輕泄
老君以神仙之道必假修煉欲垂法以勸來世故守
真抱一煉丹服氣然後乘空凌虛出有入無隨意所
適人莫能測一日乘白鹿復上庭檜而昇天

金母元君

金母元君者九靈太妙龜山金母也一號太靈九光龜臺金母一號曰西王母乃西華之至妙洞陰之極尊在昔道炁凝寂湛體無爲將欲啓迪玄功生化萬物先以東華至真之氣化而生木公焉木公生於碧海之上蒼靈之墟以生陽和之氣理於東方亦號曰王公焉又以西華至妙之氣化而生金母焉金母生於神洲伊川厥姓緱氏生而飛翔以主陰靈之氣理

於西方亦號王母皆挺質大無毓神玄奧於西方渺莽之中分大道精醇之氣結氣成形與東王木公共理二氣而育養天地陶鈞萬物矣體柔順之本為極陰之元位配西方母養羣品天上天下三界十方女子之登仙得道者咸所隸焉所居宮闕在龜山春山西那之都崑崙玄圃閬風之苑有金城千里玉樓十二瓊華之闕光碧之堂九層玄臺紫翠丹房左帶瑤池右環翠水其山之下弱水九重洪濤萬丈非飆車

羽輪不可到也帝檢尚書期曰王母之國在荒西之野所謂玉闕暨天
綠臺承霄青琳之宇朱紫之房連琳綵帳明月四朗
戴華勝佩靈章左侍仙女右侍羽童寶蓋沓映羽旆
蔭庭軒砌之下植以白環之樹丹剛之林空青萬條
瑤榦千尋無風而神籟自韻朗然皆奏八會之音也
神洲在崑崙之東南故爾雅云西王母日下是矣又
云王母蓬髮戴勝虎齒善嘯者此乃王母之使金方
白虎之神非王母之真形也元始天王授以萬天之

統龜山九光之籙使制名萬靈統括真聖監盟証信統諸天之羽儀天尊上聖朝宴之會考較之所王母皆臨訣焉上清寶經三洞玉書凡所授度咸所關與也昔黃帝討蚩尤之暴威所未禁而蚩尤幻化多方徵風召雨吹煙噴霧師衆大迷帝歸息太山之阿昏然憂寐王母遣使者被玄狐之裘以符授帝曰太一在前天一在後得之者勝戰則克矣符廣三寸長一尺青瑩如玉丹血為文佩符既畢王母乃命一婦人

人首鳥身謂帝曰我九天玄女也授帝以三官五意陰陽之略太一遁甲六壬步斗之術陰符之機靈寶五符五勝之文遂克蚩尤于中冀剪神農之後誅榆罔於阪泉而天下大定都於上谷之涿鹿又數年王母遣使白虎之神乘白虎集帝之庭授以地圖晚年復授帝以清靜無為正真之道其辭曰飲啄不止身不輕思慮不止神不清聲色不止心不寧心不寧則神不靈神不靈則道不成其要妙也不在瞻星禮斗

苦已勞形貴在湛然方寸無所營營神仙之道乃可長生其後虞舜攝位王母遣使授舜白玉環又授益地圖遂廣黃帝之九州為十有二州王母又遣使授舜白玉琯吹之以和八風周昭王二十五年歲在乙卯老君與真人尹喜遊觀八紘之外西遊龜臺為西王母說清淨經故經云太上受之於金闕帝君金闕帝君受之於西王母皆口口相傳不記文字吾今於世書而錄之逮至穆王命駕八駿之乘右服驊騮而

左騄耳右驂赤驥而左白𦓫主車則造父為御離商
為右次車之乘右服渠黃而左輪輪左驂盜驪而右
自柏夭主車參百為御奔戎為右馳驅千里而至巨
蒐氏之國巨蒐氏乃獻白鵠之血以飲王具牛馬之
湩以洗王之足及二乘之人已飲而行道宿于崑崙
之阿赤水之陽別日昇崑崙之丘以觀黃帝之宮而
封之以詒後世遂賓于西王母觴於瑤池之上西王
母為王謠王和之其辭哀焉迺觀日之所入一日行

萬里王歎曰予一人不盈於德後世其追數吾過乎
又云王持白珪重錦以爲王母壽歌白雲之謠刻石
紀迹弇州之上而還紀年云穆王十七年西征見王母賓于昭宮世之
昇天之仙凡有九品第一上仙號九天真皇第二次
仙三天真皇第三號太上真人第四號飛天仙真人
第五號靈仙第六號真人第七號靈人第八號飛仙
第九號仙人凡此品次不可差越然其昇天之時先
拜木公後謁金母受事既訖方得昇九天入三清拜

太上覲奉元始天尊耳故漢初有四五小兒戲于路中一兒歌曰着天裙入天門揖金母拜木公時人莫知之惟張子房知之乃往拜焉曰此乃東王公之玉童也仙人得道昇天當揖金母而拜木公也自非沖虛登真之子莫知其津矣漢武帝好長生之道以元封元年登嵩高之山築尋真之臺齋戒精思四月戊辰王母使墉城玉女王子登來語帝曰聞子欲輕四海之祿迂四海之貴以求長生真乎勤哉七月七日

吾暫來也帝問東方朔審其神應乃清齋百日焚香宮中夜二唱後白雲起于西南鬱鬱而至徑趨宮庭漸見則雲霞九色簫鼓震空龍鳳人馬之衆乘麟駕隺之衛軒車天馬霓旂羽幢千乘萬騎光耀宮闕天仙從官皆長丈餘既至從官不知所在惟見王母乘紫雲之輦駕九色班龍帶天真之策佩金剛靈璽黃錦之服文彩鮮明金光奕奕腰佩分景之劒結飛雲之綬頭上華髻戴太真晨纓之冠躡玄瓊鳳文之履

可年三十許天姿奄靄容顏絶世真靈人也下車二
女扶侍登牀東向而坐帝拜跪問寒温侍立良久呼
帝使坐設以天廚芳華百菓紫芝萎蕤紛若填累珍
美異常非世所有帝不能名也又命侍女取桃以玉
盤盛七枚大如雞(音係　鷄同)子以四與帝母自食三帝食
桃輒收其核母問何為帝曰欲種之爾母曰此桃三
千年一實中國土地薄種之不生於是命王子登彈
八琅之璈董雙成吹雲和之笙石公子擊昆廷之玉

許飛瓊鼓靈虛之簧凌婉華拊吾陵之石范成君拊洞陰之磬段安香作九天之鈞安法興歌玄靈之曲衆聲朗徹靈音駭空歌畢帝下席叩頭以問長生之道王母曰汝能賤榮樂卑躬虛味道自復佳爾然汝性暴體欲淫亂過甚殺伐非法奢侈恣性夫侈者裂身之具也淫者破身之斧也殺者響對奢者心爛積欲則神隕聚穢則命斷以子蕞爾之身而宅殘形之賊盈尺之材而攻之百刃欲以解脫三尸全身永久

不可得也有似無翅之鷄頓鼓天池朝生之菌而樂春龜者也若能蕩此衆亂撥穢易意保神氣於絳府閉瑤宮而不開靜奢侈以寢室愛衆生而不爲守慈務施嫌氣惜精黛有若斯之事豈無髣髴邪若不爾者譬如抱石而濟長河耳帝跪受王母之誡曰徹不才沉淪混俗承禪先業遂羈世累刑政乖謬罪積丘山今日之後請事斯語矣王母曰夫養性之道理身之要汝固知矣但在勤行不怠也我師元始天王者

昔于巖霄之臺授我要言曰欲長生者取諸身堅守三一保靈根玄谷華體灌泥珍既長清精入天門金室宛轉在中關青白分明適泥丸養液閉精具身神三宮備衛存絳庭黃庭戊已無流源徹通五臟十二輪吐納六府魂魄欲却此百病辟熱寒保精留命永長存此所謂呼太和保守自然真要道者也凡人為之皆必長生亦可役使鬼神遊戲五嶽但不得飛空騰虛而已設能為之足可度世也夫學仙者未有不

由此而始也至若太上靈藥上帝奇物地下陰生重雲妙草皆神仙之藥也得上品者後天而老乃太上之所服非下仙之所逮其次藥者九丹金液紫華虹英太渚九轉五雲之漿玄霜絳雪騰躍三黃東瀛白香玄洲飛生八石千芝威喜九光西瀛石膽東滄青錢高丘餘糧積石瓊芝太虛還丹戲以金蘭長光絳草雲童飛千有得服之白日昇天此飛仙之所服非地中茯苓菖蒲門冬巨勝黃精靈飛赤板桃膠木芙

升麻續斷威蕤黃連如此下藥畧舉其端草類繁多名數有千王母命車言去從官互集將欲登天因咲指東方朔曰此我隣家小兒性多滑稽曾三來偷桃矣昔為大上仙官因沉湎于酒三失部御之和謫佐於汝非流俗之夫也其後武帝不能用王母之戒為酒色所惑殺伐不休征遼東擊朝鮮通西南夷築臺榭興土木海內愁怨自此失道幸回中臨東海三祠王母不復降焉所受之書置于栢梁臺上為天火所

於李少君解形而去東方朔飛翥不還巫蠱爭起帝
愈悔恨元始二年崩于五柞宮葬于茂陵其後茂陵
冢藏道書五十餘卷一旦出抱持山中又玉箱玉杖
出於扶風市驗茂陵宛然如故而箱杖出于人間竟
不知其果何為也茅君盈字叔申從西城王君詣白
玉龜臺朝謁王母求乞長生之道曰盈以不肖之軀
慕龍鳳之年以朝菌之脆求積朔之期王母愍其勤
志告之曰吾昔師元始天王及昊天榑桑帝君授我

以玉珮金璫二景纏綀之道上行太極下造十方激
月望目以入天門名曰玄真之經今以授爾宜勤修
焉因救西城王君一一解釋以授之并授寶書四童
散方後茅君南治句曲之山哀帝元壽二年八月己
酉南嶽真人赤君西城王君方諸青童君並從王母
降于茅君之室頃之天皇大帝遣繡衣使者泠廣子
期賜盈神璽策太衛帝君遣三天左宮御史管脩條
賜盈八龍錦輿紫羽華衣太上大道君遣協晨大夫

石硃門賜盈金虎真符流金之鈴金闕聖君命太極真人使正一上玄五郎王忠鮑丘等賜盈以四節鐎胎流明神芝四使者授訖使盈佩璽服衣正冠帶符握鈴而立四使者告盈曰食四節隱芝者位為真卿食金闕玉芝者位為司命食流明金英者位為司祿食長曜雙飛者位為真伯食夜光洞華者總主左右御史之任子盡食之矣壽齊天地位為司命授東嶽上卿統吳越之神仙綜江左之山源矣言畢使者俱

去五帝君各以方面車服降於其庭傳太帝之命賜
盈紫玉之版黃金刻書九錫之文拜盈為東嶽上卿
司命真君太元真人授事訖俱去王母及盈師西城
王君為盈設天廚酣宴歌玄靈之曲宴罷王母攜王
君及盈省顧盈之二弟各授道要王母命上元夫人
授茅固茅衷太霄隱書丹景道精等四部寶經王母
執太霄隱書命侍女張靈子執交信之盟以授于盈
固及衷事訖王母昇天而去至王褒字子登張道陵

守輔漢自九聖七真得受書者皆朝王母於崑陵闕焉其後紫虛元君魏夫人華存清齋于洛陽隱元之臺王母與金闕聖君降于臺中乘八景雲輿同詣清虛上界宣傳玉清隱書四卷以授華存時三元夫人馮雙禮紫陽左仙公石路成太極高仙伯延蓋公子西城真人王方平太虛真嶽赤松子桐栢真人王子喬三十餘真各歌太極陰歌陽歌之曲王母為之歌曰駕我八竟輿欻然入玉清龍旌拂霄上虎旂攝朱

兵道遙玄津際萬流無暫停褒此去留會劫盡天
地須當尋無中景不死亦不生禮彼自然道寂觀合
太冥南嶽擬真幹玉瑛輝穎精在任靡其事虛心自
受靈嘉會絳河曲相與樂未央歌畢上元夫人答歌
亦竟王母及上元夫人紫陽左仙公太極仙伯清虛
王君乃攜南嶽魏華存同去東南行俱詣天台霍山
洞宮玉宇之下衆真皆從王母昇還龜臺矣王母師
匠萬品校領羣真聖位崇高總錄幽顯至若遑洞玄

躬朝而受道謝自然景侍以登仙玄經所證事迹蓋
多未能備錄

上元夫人

上元夫人道君弟子也亦太古以來得道女仙籍亞
於龜臺金母金母所降之處多使侍女以聞邀為賓
侶漢孝武好神仙之道禱醮名山以求靈應元封元
年辛未七月七夜二鼓後西王母降於漢宮帝迎拜
稽首侍立久之王母呼帝令坐設以天廚筵宴粗悉

命駕將去帝下席和顏請留殷勤王母復坐乃命侍女郭密香邀上元夫人同宴于漢宮事載金母元君傳宣帝地節四年乙卯咸陽茅盈受黃金九錫之命為東嶽上卿司命真君太元真人是時五帝君受策既畢各昇天而去茅君之師總真王君西靈王母與夫人降于句曲之山金壇之靈華陽天宮以宴茅君焉時茅中君名固字季偉小君名衷字思和王母王君授以靈訣亦授賜命紫素之冊固為定籙君衷為保命君

亦侍真惠王君告二君曰夫人乃三天真皇之母上元之高尊統領千萬玉女之籍汝可自陳二君下席再拜求乞長生之要夫人憫其勤志命侍女宋辟非出紫錦之囊開綠金之笈以三元流珠之經丹景道精經隱仙八術經太極錄景經凡四部以授二君王母勑侍女李方明出丹瓊之函披雲珠之笈出玉珮金璫經太霄隱書經洞飛二景內書傳授二君各授書畢王母與夫人告去千乘萬騎昇還太虛矣

九天玄女

九天玄女著黃帝之師聖母元君弟子也黃帝在昔爲有熊之國君佐神農之孫榆罔榆罔既衰諸侯相伐干戈相尋各據方邑自稱五行之號大皞之後自爲青帝榆罔神農之後自號赤帝共工之族自號白帝葛天氏之後自號黑帝帝起有熊之墟自號黃帝帝乃恭己不事側身修德在位二十一年而蚩尤肆孽弟兄八十一人獸身人語銅頭鐵額啖砂吞石不

蒩五穀作五虐之形以害黎庶鑄兵於葛鑪之山不用帝命帝欲征之博求賢能以為己助得風后于海隅得力牧於大澤以大鴻為佐天老為師置三公以象三台風后為上台天老為中台五聖為下台始獲寶鼎不爨而熟迎日推策以封胡為將以夫人費修之子為太子用張若隰朋力牧容光龍行蒼頡容成大撓著龍衆臣以為羽翼戰蚩尤於涿鹿帝師不勝蚩尤作大霧三日內外皆迷風后法斗機作大車以

杓指南以正四方帝用憂憤齋于太山之下王母遣使披玄狐之裘以符授帝曰精思告天必有太上之應居數日大霧冥冥晝晦玄女降焉乘丹鳳御景雲服九色彩翠之衣集于帝前帝再拜受命玄女曰吾行太上之教者爾可問也帝稽首曰蚩尤暴橫毒害烝黎四海嗷嗷莫保性命欲一戰必勝之術與人除害可乎玄女即授帝六甲六壬兵信之符靈寶五符策使鬼神之書制袄通靈五明之印五陰五陽遁甲

之式太一十精四神勝負握機之圖五嶽河圖策料
之訣九光五節十絕霞旛命魔之劍霞冠火佩龍戟
霓旂翠輦綠輧虬驂虎騎六花之蓋八鸞之輿羽籥
玄竿虹旌玉鉞神仙之物五龍之印九明之珠九天
之節以爲兵信五色之幡以辨五方帝遂復率諸侯
再戰蚩尤驅魑魅雜袄以爲陣雨師風伯以爲衛應
龍蓄水以攻帝帝盡制之遂滅蚩尤於絕轡之野中
冀之鄉冢其四肢以葬之由是榆罔拒命又誅之于

阪泉之野北逐獯鬻大定四方步四極凡二萬八千里乃鑄鼎立九州置九行九德之臣以觀天地祠百靈垂法設教然後採首山之銅鑄鼎于荊山之下黃龍下迎帝乘龍昇天皆玄女之所授符策圖局以佐成功業

蠶女

蜀之先有蠶叢帝又高辛時蜀有蠶女不知姓氏父為人所掠惟所乘馬在女念父不食其母因誓於衆

曰有得父還者以此女嫁之馬聞其言驚躍振迅絕
其物絆而去數日父乃乘馬而歸自此馬嘶鳴不肯
齕母以誓衆之言告父父曰誓於人不誓於馬安有
人而偶非類乎能脫我於難功亦大矣所誓之言不
可行也馬跑父怒欲殺之馬愈跑父射殺之曝其皮
于庭皮蹶然而起捲女飛去旬日皮復棲于桑上女
化為蠶食桑葉吐絲成繭以衣被于人間一日蠶女
乘雲駕此馬侍衛數千人謂父母曰太上以我心不

忘義授以九宮仙嬪矣毋復憶念也今冢在漢州什邡德陽三縣界每歲祈蠶者四方雲集蜀之風俗宮觀諸化塑女像披馬皮謂之馬頭娘以祈蠶焉周禮夏官

馬質掌　馬云云若有馬訟則師禁原蠶者鄭玄註云原再也天文辰為馬蠶為精精月直火則浴其種盖蠶與馬同氣物不能兩大禁再蠶者為傷馬與據此之論蠶馬氣類世必有深究其理者

南極王夫人

南極王夫人西王母第四女也一云第三女名林字容真一號紫元夫人或曰南極元君理太丹宮授書為金

關聖君上保司命漢平帝時降于陽洛山石室之中授清虛王母太上寶文等經三十卷夫人着錦帔青羽裙左佩虎書右帶揮靈年可十六七形貌真正天姿掩靄乘羽寶車駕以九龍女騎九千居渤陽丹海長離山中主教當為真人者

右英王夫人

右英王夫人西王母第十三女名媚蘭字申林瓊仙方記

云中林

治滄浪山受書為雲林夫人晉哀帝興寧三年

七月降句曲山真誥云滄浪雲林右英夫人

紫微王夫人

紫微王夫人名清娥字愈音真誥云愈意王母第二十女也昔降寶神經與清靈裴真人行之得道晉哀帝興寧三年乙丑六月與九華安妃二十三真人十五女降句曲授道於真人楊義也夫人鎮羽野玄隴主教當成真人者也夫人作服朮序在上清經

雲華夫人

雲華夫人王母第二十三女太真王夫人之妹也名瑤姬受徊風混合萬景鍊神飛化之道嘗東海遊還過江上有巫山焉峯巖挺拔林壑幽麗巨石如壇留連久之時大禹治水駐山下大風卒至崖振谷隕不可制因與夫人相値拜而求助即勑侍女授禹策召鬼神之書因命其神狂章虞余黃魔大翳庚辰童律巨靈等助禹斲石疏波决塞導阨以循其流禹拜而謝焉禹嘗詣之崇巘之巔顧眄之際化而爲石或倏

然飛騰散為輕雲油然而止驟為風雨或化遊龍或為翔鶴千態萬状不可親也禹疑其被繪怪誕非真僊也問諸童律律曰天地之本者道也運道之用者聖也聖之品次真人僊人也其有稟氣成真不修而得道者木公金母是已蓋二氣之祖宗陰陽之原本僊真之主宰造化之元光雲華夫人者金母之女也昔師三元道君受上清寶經受書於紫清闕下為雲華上宮夫人主領教童真之士理在玉英之臺隱見

變化蓋其常也亦由凝氣成真與道合體非寓胎稟化之形是西華少陰之氣也其氣能彌綸天地經營動植大包造化細入毫髮在人為人在物為物豈止於雲雨龍鶴飛鴻騰鳳哉禹然之後往詣焉忽見雲樓玉臺瑤宮瓊闕森然靈官侍衛不可名識獅子猊闕天馬蹙塗毒龍電獸八威備軒夫人宴坐於瑤臺之上禹稽首問道召禹使坐而言曰夫聖匠肇興剖大混之一樸判為億萬之體發大蘊之一苞散為無

窮之物故步三光而立乎晷景封九域而制乎邦國
刻漏以分晝夜寒暑以成歲紀兌離以正方位山川
以分陰陽城廓以聚民器械以衛衆輿服以表貴賤
禾黍以備凶饑凡此之制上稟乎星辰而取法乎神
真以養有形之物也是故日月有幽明生殺有寒暑
雷震有出入之期風雨有動靜之常清風浮乎上而
濁氣散于下慶興之數治亂之運賢愚之質善惡之
性剛柔之氣壽夭之命貴賤之位尊卑之叙吉凶之

感竅達之期此皆稟之於道懸之于天而聖人為紀
也性發乎天而命成乎人立之者天行之者道道存
則有道去則非道無物不可存也非修不可致也玄
老有言致虛極守靜篤萬物將自復〻謂歸於道而
常存也道之用也變化萬端而不足其一是故天參
玄玄地參混黃人參道德去此之外非道也哉長久
之要者天保其玄地守其物人養其氣所以全也則
我命在我非天地殺之鬼神害之失道而自逝也志

乎乳勤乎乳子之功及於物矣勤逮於民矣善格乎
天矣而未聞至道之要也吾昔於紫清之閣受書寶
而藏之我師三元道君曰上真内經天真所寶封之
金臺佩入太微則雲輪上徃神武抱關振衣瑶房遨
宴希林左招僊公右棲白山而下眄太空逃乎天津
則乘雲騁龍遊此名山則真人詣房萬人奉衛六精
伺迎動有八景玉輪靜則宴處金堂亦謂之太上玉
佩金璫之妙文也汝將欲越巨海而無飆輪渡飛砂

而無雲軒陟阨塗而無所與涉泥波而無所乘陸則
困於遠絶水則懼於漂淪將欲以導百谷而濬萬川
也危乎僶哉太上愍汝之至亦將授以靈寶真文陸
策虎豹水制蛟龍斷馘千邪檢馭羣凶以成汝之功
也其在乎陽明之天矣吾所授寶書亦可以出入水
火嘯叱幽冥收策虎豹呼召六丁隱淪入地顛倒五
星久視存身與天相傾也因命侍女陵容華出丹玉
之笈開上清寶文以授禹禹拜受而去仍命狂章巨

靈寺神助禹誅爲民害人力所不能制者戮防風氏
于會稽鎮淮渦之神無支祈于龜山又得庚辰虞余
之助遂能導波決川以成其功奠五岳別九州而天
錫玄珪以爲紫庭眞人其後楚大夫宋玉以其事言
於襄王王不能訪道要以求長生築臺於高唐之館
作陽臺之宮以祀之宋玉作神僊賦以寓情荒淫穢
蕪高眞上仙豈可誣而降之也有祠在山下世謂之
大僊隔岸有神女之石即所化也復有石天尊神女

壇側有竹垂之若篲有稿葉飛物着壇上者竹則因風掃之終瑩潔不爲所汚楚人世祀焉

玄天二女

燕昭王即位二年廣延國来獻善舞者二人一名旋娟一名提謨並玉質凝膚體輕氣馥綽約而窈窕絶古無倫或行無影跡或積年不饑昭王處以單綃華幄飲以瓀珉之膏飴以丹泉之粟王登崇霞之臺乃召二人来側時香風欻起徘徊翔舞殆不自支以纓

縷拂之二人皆舞容冶妖麗靡於翔鸞而歌聲輕颺乃使女伶代唱其曲清響流韻雖飄梁動塵未足加也其舞一名縈塵言其體輕與塵相亂次曰集羽言其婉轉若羽毛之從風也末曰旋懷言其支體緬曼若入懷袖也乃設麟文之席散華蕪之香出波弋國浸地則土石皆香着朽木腐草莫不蔚茂以熏枯骨則肌肉皆生以屑鋪地厚四五寸使二人舞其上彌日無跡體輕故也時有白鸞孤翔銜千莖穟於空中

自生花實落地即生根葉一歲百穫一莖滿車故曰盈車嘉穟麟文者錯雜衆寶以為席也皆為雲霞麟鳳之狀昭王復以衵麾之舞者皆止昭王知為神異處於崇霞之臺設枕席以寢讌遣侍人以衛之王好神仙之術故玄天之女託形作二人昭王之末莫知所在或遊於江漢或在伊洛之濱遍行天下乍近乍遠也

仙媛一卷　　香草玄居

新鐫仙媛紀事第二

錢唐雉衡山人楊爾曾輯

太真夫人

太真夫人王母之小女也年可十六七名婉羅字勃遂事玄都太真王有子爲三天太上府司真主總糺天曹之違錯比地上之卿佐年少好遊逸委官廢事有司奏劾以不親局察降主事東岳退真王之編司鬼神之師五百年一代其職夫人因來祖之勵其使

修守政事以補其過〻臨淄縣小吏和君賢為賊所
傷殆死夫人見懸問之君賢以實對夫人曰汝所傷
乃重刃關於肺腑五臟泄漏血凝絳府氣激傷外此
將死之厄也不可復生如何君賢知是神人扣頭求
哀夫人於肘後筒中出藥一丸大如小豆即令服之
登時而愈血絕創合無復慘痛君賢再拜跪曰家財
不足不知何以奉荅恩施惟當自展駑力以報所受
耳夫人曰汝必欲謝我亦可隨去否君賢乃易姓名

玉林鐫

自號馬明生隨夫人執役夫人還入東岳岱宗山峭
壁石室之中上下懸絕重巖深隱去地千餘丈石室
中有金床玉几珍物奇瑋人跡所不能至明生初但
欲學授金創方既見神僊来往及知有不死之道旦
夕供給酒掃不敢懈倦夫人亦以鬼怪虎狼及眩惑
衆變試之明生神情澄正終不恐懼又使明生他行
別宿因以好女戲調親接之明生心堅靜固無邪念
夫人他行去十日五日一還或一月二十日輙見有

僊人賓客乘龍麟駕虎豹往來或有拜謁者真僊彌日盈坐客到輒令明生出外别室中或立致精細厨食殽果香酒漿都不可名或呼生與之同飲食又聞室中有琴瑟之音歌聲窕妙夫人亦時自彈琴有一絃而五音並奏高朗響激聞數餘里衆鳥皆聚集於岀室之間徘徊飛翔驅之不去殆夫人之樂自然之妙也夫人棲止常與明生同石室中而異榻幽寂之所惟二人或行去亦不道所往時常見有一白龍来

迎夫人即着雲光繡袍乘龍而去袍上尊是明月珠
綴衣領帶玉佩戴金華太玄之冠亦不見有從者既
還龍即自去所居石室玉床之上有紫錦被褥紫羅
帳帳中服玩瑰金函玉玄黄羅列非世所有不能一
一知其名也有兩卷素書題曰九天太上道經明生
亦不敢發視其文唯供灑掃于巖室而已如此五年
愈加勤肅夫人嘆而謂之曰汝真可教必能得道者
也以子俗人而不淫不慢恭仰靈氣終莫之廢雖欲

求死焉可得乎因以姓氏本末告之曰我久在人間今奉天皇命又接太上吕不復得傳念汝專謹故以相語欲教汝長生之方延年之術而我所受服以太和自然龍胎之醴適可授三天真人不可以教汝學固非汝所得聞縱或聞之亦不能用以持身也有安期先生燒金液丹法其方秘要立可得用是元君太乙之道白日昇天者矣明日安期當來吾將以汝付囑焉汝相隨稍久其術必傳明日安期先生果至乘

駿驎着朱衣遠遊冠帶玉佩及虎頭鞶囊細視之年可二十許潔白嚴整從可六七儒人皆執節奉衛見夫人拜揖甚敬自稱下官須臾設酒果厨膳飲宴半日許安期自說昔與夫人遊安息國西海際食棗異美此間棗殊不及也憶此未久已二千年矣夫人云吾昔與君共食一棗乃不盡此間小棗那可比耶安期曰下官先日往九河見司陰與西漢夫人共遊見問以陽九百六之期聖主受命之刼下官答以紛難

未識運厄之紀別當詣太真王夫人令既賜坐頓請
此數夫人曰期運漫汗非君所能卒知夫天地有大
陽九大百六小陽九小百六天厄謂之陽九地虧謂
之百六此二灾是天地之否泰陰陽九地之亭餘也
大期九千九百年小期三千三百年而此運所鍾聖
人所不能禳令大厄猶未然唐世是小陽九之始計
訖來甲申歲百六將會矣爾時道德方隆凶惡頓肆
聖君受命乃在壬辰無復千年亦尋至也西漢夫人

俱已經見所以相聞當是相試耳然復是司陰君所局夫陽九者天旱海消而陸自燋百六者海竭而陵自墳西海水減滄溟成山連城之鯨萬丈之鯢不達期運之度惟叩天而索水詞訟絲紜布於上府二天煩於省察司命亦疲於按對九河之口是汞水之所衝其深難測今已漸枯八氣蒸於山澤流沙塵於原隰於是四海俱會羣龍鼓舞爾乃須甲申之年將飛洪倒流令水母上天門而告期積石開萬泉而通路

飛陰風以撓蒼生注玄流以布遐邇洋溢在數年之
中漫衍終九載之暮既得道之真體靈合妙至其時
也但當騰虛空而騁山陂遊浮岳而視廣川乘玄鴻
以湊州城御亂輩而邁景雲耳咄嗟之間忽焉便適
可以翔身娛目豈足經意乎當今日且論酒事何用
此為也因指明生向安期曰此子有心向慕殆可教
訓普遇因緣遂來見隨雖質穢未靈而遙欲已消今
未可授玄和太真之道且欲令就君受金液丹方君

可得爾便宜將去夫流俗之人心肺單危經胃內薄血津疲羸肝膂不注其眼唇口不辨其機蓋大慈而不合天人欲奔走而不及靈飛適宜慰撫以成其志不可試以僊變八威也切勿刻令其失正矣安期曰諾但恐道淺術薄不足以訓授耳下官昔受此方於漢成丈人此則先師之成法實不敢倉卒而傳要當令在二千年之內必使其闚天路矣下官往與女郎俱會玄丘觀九陔之罍硌望弱水而東流賜酣玄碧

之香酒不覺髙卑而眾同當開尊笈靈籙偶見玉胎瓊膏之方服之刀圭立登雲天解形萬變上為真皇此術徑妙蓋約於金液之華又速於霜雪九轉之鋒今兆敢有識捨近而從遠棄淫而追煩實思聞神方之品第頗知真僊之髙尊尚卑降有時兆所宜論瓊腴之方必是侍者未可得用邪夫人曰君未知乎此天皇之靈方乃天真所宜用非俗流下尸所能闚闓也僊方凡有九品一名太和自然龍胎之醴二名玉

貽瓊液之膏三名飛丹紫華流精四名朱光雲碧之腴五名九種紅華神丹六名太清金液之華七名九轉霜雪之丹八名九鼎雲英九名雲光石流飛丹此皆九轉之次第也得僊者亦有九品第一上僊號九天真王第二次僊號三天真王第三號太上真人第四號飛天真人第五號靈僊第六號真人第七號靈人第八號飛僊第九號僊人此九僊之品第也各有差降不可超學彼知金液已為過矣至於玉皇之所

餌洮淺學所冝聞君雖得道而久在世上囂濁染於
正氣塵垢鼓於三一猶未可登三天而朝太上遑扶
桑而謁太真玉胎之方尚未可諭何況下才而令聞
其篇目耶安期有慚色退席曰下官實不知靈藥之
妙品殊乃爾信駭聽矣因自陳曰下官曾聞女郎有
九天太真道經清虛鏡無鑒朗玄冥誠洮下才可得
仰瞻然受遇彌久接引每重不自省量希乞教訓不
審其書可得見乎如暫覩聘太真則魚目易質矣夫

人莞爾而咲良久曰太上道殊真府遐邈將非下才可得交關君但當弘令之功無代非分之勞矣我正爾暫往到玄州東詣方丈漱龍胎於玄都之宮試玉女於衆儛之堂天事靡監將俟事暇相示以太上真經也若能勤正一於太清役恒筆而命四瀆然後尋我於三天之丘見索於鍾山王屋則真書可得而授焉如其不然無為屈逸駿而步滄津損舟檝而濟溟海矣如向所論陽九百六應期輒降夫安危無專

否泰有對越然遠鑒悵懷感慨亢極之災可避而不可禳明期運所鍾聖主不能知是以伯陽棄周關令悟其國獘天人之事彰於品物君何為杳杳久為地僊乎孰若先覺以高飛超風塵而自潔避甲申於玄塗並真靈而齊列乎言為爾盡君將勗之安期長跪曰今日受教輒奉修焉夫人語明生曰吾不得復傳汝隨此君去勿憂念也我亦時當往視汝因以五言詩二篇贈之可以相勗明生流涕而辭乃隨安期負

笈入女几山夫人乘龍而去後明生隨師周遊青城
廬潛凡二十年乃受金液之方鍊而昇天
皇太姥
皇太姥閩人相傳為神星之精母子二人居武夷採
黃精以餌能呼風檄雨乘雲而行秦人呼為聖母
嫦娥
羿請不死之藥於西王母妻嫦娥竊而服之奔月宮
織女

織女上應天宿牽牛則河鼓是也舊說天河與海通
漢時有人居海上者年年八月見有浮槎去來不失
期人有奇志者立飛閣其上多齎粮乘槎而去十餘
日至一處有城郭狀屋舍甚嚴遙望室中有織夫人
又見一丈夫牽牛飲之驚問曰何由至此其人與說
来意因問此是何處答曰君至蜀郡訪嚴君平則知
之因還後以問君平君平曰某年月日有客星犯牽
牛宿計此日正是此人到天河時也東方朔神異記

云郭翰嘗遇織女降其室衣玄宵之衣霜羅之帔戴翹鳳金冠躡瓊文九章之舄張霜霧丹縠之帷施九晶玉華之簟轉會風之扇有同心龍枕望日丹錦書青縑一幅以寄翰漢書董永以失母養父家貧傭力至農月以小車推父置田頭陰樹下而營農作父死後向主人貸錢一萬自賣身為奴遂得錢葬父還于路忽見一婦人姿容端正求為永妻永與俱詣主人主人令永妻織絹六百匹放女夫妻乃當機織一日

畢主人深怪其速疾放之相隨至舊相見之處而辭永曰我天上織女緣君至孝天帝令助君償債言訖凌空而去今泰州有漢董永所居天女繅井存焉入傳

織女嫁牽牛事見卷前武丁傳

昌容

昌容者商王女也修道于常山下食蓬虆根往來上下人見之二百餘年顏色常如二十許能致紫草鬻於染工得錢即施于貧病者遠近之人奉祠者甚衆

人竟不知其所修之道常行日中不見行影或云昌容能鍊形者也未幾忽冲天而去

明星玉女

明星玉女者居華山服玉漿白日昇天山頂石龜其廣數畝高三仞其側有梯磴遠近皆見玉女祠前有五石臼號曰玉女洗頭盆其中水色碧綠澄澈雨不加溢旱不減耗祠內有玉石馬一匹焉

園客妻

園客妻神女也園客者濟陰人也美姿貌而良邑人
多欲以女妻之客終不娶常種五色香草積數十年
服食其實忽有五色蛾集香草上客收而荐之以布
生華蠶焉至蠶出時有一女自来助客養蠶亦以香
草飼之蠶壯得繭百三十枚繭大如甕每一繭繅六七
日乃盡繅訖此女與園客俱去濟陰今有華蠶飼焉

中侯王夫人

女仙王觀香字衆受周靈王第三女也是宋姬所生

于子喬為別生妹受子喬飛解脱網之道得去入緱

外誥作雖字 氏山中後俱與子喬入陸渾積三十九年道

成白日沖天誥云後書為紫清宮內傳妃領東宮中

候夫人子喬弟兄七人得五男二女其眉壽是觀香

之同生兄亦得道

女偊

南伯子葵問乎女偊曰子之年長矣而色若孺子何

也曰吾聞道矣南伯子葵曰可得學邪曰惡惡可子

非其人也夫卜梁倚有聖人之才而無聖人之道我有聖人之道而無聖人之才吾欲教之庶幾其為聖人乎不然以聖人之道告聖人之才亦易矣吾猶守而告之三日而後能外天下已外天下矣吾又守之七日而後能外物已外物矣吾又守之九日而後能外生已外生矣而後能朝徹朝徹而後能見獨見獨而後能無古今無古今而後能入於不死不生殺生生者不死生生者不生其為物無不將也無不迎也

無不毀也無不成也其名為攖寧攖寧也者攖之而後成者也南伯子葵曰子獨惡乎聞之曰吾聞之副墨之子副墨之子聞諸洛誦之孫洛誦之孫聞之瞻明瞻明聞之聶許聶許聞之需役需役聞之于謳于謳聞之玄冥玄冥聞之參寥參寥聞之疑始

李眞多

李眞多神仙李脫妹也脫居蜀金堂山龍橋峰下修道蜀人歷代見之約其往來八百餘年因名李八百

焉初以周穆王時居于廣漢棲玄山合九華丹或雲
遊五岳十洞二百餘年於海上遇飛陽君授水木之
道還歸此山鍊藥成又去數百年或隱或顯遊於市
朝又登龍橋峰作九鼎金丹丹成已八百年三於此
山學道故世人號此山為三學山亦號為賢山蓋因
八百為號丹成試之抹於崖石上頑石化玉光彩瑩
潤試藥處于今尚在人或鑿崖取之即風雷為變真
多隨兄修道居綿竹中今有真多古跡猶在或來往

浮山之側今號真多化即古浮山化也亦如地脉得
水而浮真多幼挺儮姿耽尚玄理八百授其朝元默
真之要行之數百年狀如二十許人耳神氣莊肅風
骨英偉異於弱女之態人或見之不敢正視其後太
上老君與玄古三師降而度之授以飛昇之道先於
八百白日昇天化側有潭其水常赤色乃古之神仙
煉丹砂之泉浮山亦名萬安山上有二師井飲之愈
疾今以真多之名故為真多化也八百又於什邡仙

居山三月八日白日昇天一云八百嘗與妹真多來卜居於筠陽之五龍崗（又名赤崗寨今瑞州州治是也）復煉丹於華林山石室（今隆興府奉新縣浮雲觀是也）八百兄妹皆蜀人也雖卜居筠陽間往來蜀中一日真多自蜀至八百候之（今瑞州望仙門是也）見真多手持蓮花身似有孕八百怒意欲引劍揮之真多覺之倏爾凌虛渡江崖下童子經一卷遂乘雲氣冉冉昇天時人像真多之像將奉祠焉像成而昇不動是夕真多見夢云吾祠宜在五龍崗翌

日舉像甚輕乃祠于彼至唐玄宗天寶十年天師孫智良始奏改元陽觀以顯聖迹憲宗元和七年高安縣令諶賁以縣治觀基兩易今瑞州城西二里逍遙山妙真宮是也其產經之地今額儀天觀觀中女真世傳其經郡人每備香信詣觀看經以保產難焉真多今號明香元君

嬴女

秦繆公女嬴氏名弄玉善吹笙無和者欲求得吹笙

者以配有蕭史者善吹簫能感清風彩雲鳳凰蠃女願嫁之蠃女吹笙亦如史所感於是孟明為媒蹇叔為賓約而成婚宴于西殿座中不奏他樂惟二人自以笙簫間奏遂致鳳凰來儀二人乘之而去秦人因作鳳女祠

太陽女

太陽女者姓朱名翼敷演五行之道加思增益至為纖嫵行用其道甚驗甚速年二百八十歲色如凝雪

口如含丹肌膚充澤眉鬢如畫有如十七八歲者奉
事絶洞子丹成以賜之亦得仙昇天也

太陰女

太陰女者姓盧名全為人聰達知慧過人好玉子之
道頗得其法未能精妙時無明師乃當道沽酒密欲
求賢積年累久未得勝己會太陽子謂然嘆曰彼行
白虎騰蛇我行青龍玄武天下悠悠知者為誰女聞
之大喜使妹問客土數為幾對曰不知也但南三北

五東九酉七中一耳姝還報曰客大賢者至德道也我始問一已至五美女遂請入道室改進妙饌盛設嘉珍而享之以自陳託太陽子曰共事天帝之朝俱飲神光之水身登玉子之甦體有五行之寶惟賢是親豈有邪怪遂教補道之要授以蒸丹之方合服得仙時年已二百歲而有少童之色也

魚氏二女

魚道超魚道遠者皆秦時之女真人入武夷山隱焉

後人常〻見之其地四圍皆生毛竹故人因毛竹而
亦呼此二魚為毛女

梅姑

梅姑秦時丹陽縣之有道術能著履行水上縣有梅
姑廟尚存

女几

女几者陳氏酒家婦也有仙人過其家以素書五卷
質酒几開視之乃仙方養性長生之術也几私寫要

訣依而修之三年顏色更少如二十許人數歲質酒
仙人復來謂之曰竊學無師有翅不飛女几隨仙
人去居山歷年人常見之其后不知所適今所居女
几山是也

太玄女

太玄女姓顓名和少喪父或相其母子皆曰不壽惻
然以為憂常曰人之處世一失不可復生况聞壽限
之促非修道不可以延生也遂行訪明師洗心求道

得王子之術行之累年遂能入水不濡盛雪寒時單衣氷上而顏色不變身體溫煖可至積日又能徙官府宮殿城市屋宅於他處視之無異指之即失其所在門戶櫝櫃有關鑰者指之即開指山山摧指樹樹折更指之即復如故將弟子行山間日暮以杖叩石即開門戶入其中屋宇床褥幃帳廪供酒食如常雖行萬里所在常爾能令小物忽大如屋大物忽小如毫芒或吐火張天噓之即滅又能坐炎火之中衣履

不燃須臾之間或化老翁或爲小兒或爲車馬無所不爲行三十六術甚効起死廻生救人無數不知其何所服食亦無得其術者顏色益少鬢髮如鴉忽白日昇天而去

西河少女

西河少女者神仙伯山甫外甥也山甫雍州人入華山學道精思服食時還鄉里省親族二百餘年容狀益少入人家即知其家先世已來善惡功過有如目

擊又知將來吉凶言無不效見其外甥女年少多病與之藥女服藥時年已七十稍稍還少色如嬰兒漢遣使行經西河於城東見一女子笞一老翁頭白如雪跪而受杖使者怪而問之女子答曰此是妾兒也昔妾舅伯山甫得神仙之道隱居華山中愍妾多病以神藥授妾漸復少壯今此兒妾令服藥不肯致此衰老行不及妾妾恚之故因杖耳使者問女及兒年各幾許女子答云妾年一百三十歲兒年七十一矣

此女亦入華山而去

梁玉清

東方朔内傳云秦并六國太白星竊織女侍兒梁玉清衛承莊逃入衛城少仙洞四十六日不出天帝怒命五岳搜捕太白歸位衛承莊逃焉梁玉清有子名休玉清謫於北斗下常舂其子乃配於河伯驂乘行雨子休每至少仙洞恥其母淫奔之所輒迴馭故此地常少雨焉

江妃

鄭交甫常遵漢江見二女皆麗服華裝佩兩明珠大如雞卵交甫見而悅之不知其神人也謂其僕曰我欲下請其佩僕曰此間之人皆習於辭不得懼悔焉交甫不聽遂下與之言曰二女勞矣二女答曰客子有勞妾何勞之有交甫曰橘是橙也我盛之以筥令附漢水將流而下我遵其旁寨之知吾為不遜也願請子佩二女曰橘是橙也盛之以莒令附漢水將流

而下我遵其旁捲其芝而茹之手解佩以與交甫交甫受而懷之既趨而去行數十步視懷空無珠二女忽不見詩云漢有遊女不可求思言其以禮自防人莫敢犯況神仙之變化乎

毛女

毛氏字玉姜在華陰山中山客獵師世世見之形體生毛自言秦始皇宮人也秦亡流亡入山道士教食松葉遂不饑寒身輕如此至西漢時已百七十餘年

矣

鈎翼夫人

鈎翼夫人齊人也姓趙少好清淨病臥六年右手捲飲食少漢武帝時望氣者云東北有貴人氣推而得之名到姿色甚偉武帝發其手而得玉鈎手得展幸之生昭帝武帝尋害之殯尸不冷而香一月後昭帝即位更葬之棺空但有絲履故名其宮曰鈎翼後避諱改為弋

秦宮人

漢成帝時獵於終南山中見一人無衣服身生黑毛獵人欲取之而其人踰坑越谷有如飛騰不可追及於是乃密伺其所在合圍而得之問之言我本秦之宮人聞關東賊至秦王出降宮室燒燔驚走入山饑無所飡食當餓死有一老翁教我食松葉松實當時苦澁後稍便之遂不饑渴冬不寒夏不熱計此女定是秦王子嬰宮人至成帝時三百許歲獵人將歸以穀

食之初時聞穀臭嘔吐累日乃安如是一年許身毛稍脫落轉老而死向使不為人所得便成仙人也

南陽公主

漢南陽公主出降王咸屬王莽秉政公主夙慕空虛崇尚至道每追文景之為理又知武帝之世累降神仙謂咸曰國危世亂非女子可以扶持但當自保恬和退身修道稍遠囂競必可延生若碌碌隨時進退恐不可免於支離之苦奔迫之患也咸罷俛世祿未

從其言公主遂於華山結廬棲止歲餘精思苦切真靈感應遂捨廬室而去人或見之徐徐絕壑乘雲氣冉冉而去歲入山追之越巨壑昇層巔涕泗追望漢然無迹忽於嶺上見遺朱履一雙前而取之已化為石因謂為公主峰謚安仁為記行於世

程偉妻

漢期門郎程偉妻得道者也能通神變化偉不甚異之偉當從駕出行而服飾不備甚以為憂妻曰止闕

衣耳何愁之甚耶即致兩匹縑忽然自至偉亦好黃白之術煉時即不成妻乃出囊中藥少許以器盛水銀投藥而煎之須臾成銀矣偉欲從之受方終不能得云偉骨相不應得逼之不已妻遂蹶然而死尸解而去

孫夫人

孫夫人三天法師張道陵之妻也同隱龍虎山修三元默朝之道積年累有感應時天師得黃帝龍虎中

丹之術丹成服之能分形散影坐在立亡天師自鄱陽入嵩山得隱書制命之術能策召鬼神時海內紛擾在位多危又大道凋喪不足以拯危佐世年五十方修道及丹成又二十餘年既術用精妙遂入蜀遊諸名山率身行教夫人棲真江表道化甚行以漢桓帝永嘉元年乙酉到蜀居陽平化煉金液還丹依太乙元君所授黃帝之法積年丹成變形飛去無所不能以桓帝永壽二年丙申九月九日與天師於閬中

雲臺峰白日昇天位至上真東岳夫人子衡字靈真繼志修煉世號嗣師以靈帝光和二年歲在己未正月二十三日於陽平化白日昇天孫魯字公期世號嗣師當漢祚陵夷中土紛亂為梁益二州牧鎮南将軍理於漢中魏祖行靈帝之命就加爵秩旋以劉璋失蜀先主舉兵公期託化歸真隱影而去初夫人居化中遠近欽奉禮謁如市遂於山趾化一泉使禮奉之人以其水盥沐然後方詣道靖號曰解穢水至

今在馬山有三重以象三境其前有曰陽池即太上老君遊宴之所後有登真洞與青城峨眉青衣山西玄山洞府相通故為二十四化之首也

張文姬

張文姬天師張道陵之長女也適陳郡袁公子家好道久之白日抱五兒昇天

張文光

張文光天師張道陵之次女也一云第四女為陵王

妃以得封犯父諱不食數月白日昇天一云入門三日於殿上白日昇天

張賢

張賢一云名賢姬天師張道陵之第三女也一云第五女為燕王妃好道習真人之法久之白日昇天

張芝

張芝一云名芳芝天師張道陵之第四女也一云第六女適魏公第二子夫故犯父諱遂鬱鬱不樂於家

后飛昇

盧氏

盧氏嗣漢第二代天師張衡之妻也張衡得道盧氏同於陽平山白日飛昇

宛若

上起栢梁臺以處神君神君者長陵女子也先嫁為人妻生一男數歲死女子悲哀悼痛之亦死死而有靈其姒宛若祀之遂聞言語說人家小事頗有驗上

遂祠神君請術初霍去病微時數自禱于神君神君
廼見其形自修飾欲與去病交接去病不肯乃責之
曰吾以神君清潔故齋戒祈福今觀欲為淫此非神
明也因絕不復往神君亦慙及去病疾篤上令為禱
於神君神君曰霍將軍精氣少壽命弗長吾嘗欲以
太一精補之可以延年霍將軍不曉此意遂見斷絕
今病必死非可救也去病竟薨上造神君請術行之
有効大抵不異容成也神君以道受宛若亦曉其術

年百餘歲貌有少容衛太子未敗一年神君亡去自栢臺燒後神稍衰東方朔取宛若為小妻生三子與朔同日死時人謂化去

長陵女子

長陵女子徐氏號儀君善傳朔術至今上元延中已百三十七歲矣視之如童女諸侯貴人更迎致之問其道術善行交接之道無他法也

麻姑

漢孝桓帝時神仙王遠字方平降於蔡經家將至一時頃聞金鼓簫管人馬之聲及舉家皆見王方平戴遠遊冠著朱衣虎頭鞶囊五色之綬帶劍少鬚黃色中形人也乘羽車駕五龍龍各異色麾節幡旗前後導從威儀奕〻如大將軍鼓吹皆乘麟從天而下懸集於庭從官皆長丈餘不從道行既至從官皆隱不知所在唯見方平與經父母兄弟相見獨坐久之即令人相訪麻姑亦不知麻姑何人也言曰王方平敬

報麻姑余久不在人間今集在此想姑能暫來語乎有頃使者還不見其使但聞其語云麻姑再拜不見忽已五百餘年尊卑有敘修敬無階思念久煩承來在彼國宜躬到而先被命當按行蓬萊今暫往即還還便親覲願未即去爾如此兩時間麻姑至矣來時亦先聞人馬簫鼓聲既至從官半於方平麻姑至蔡經亦舉家見之是好女子年十八九許於頂中作髻餘髮垂至腰其衣有文章而非錦綺光綵耀目不可

名狀入拜方平方平爲之起立坐定召進行廚皆金盤玉盃餚膳多是諸花果而香氣達於內外擘脯行之如栢炙云是麟脯也麻姑自說云接待以來已見東海三爲桑田向到蓬萊水又淺於往者會時畧半也豈將復還爲陵陸乎方平咲曰聖人皆言復揚塵也姑欲見蔡經母及婦姪時弟婦新産數十日麻姑望見乃知之曰噫且止勿前即求少許米得米便擲之擲地視其米皆成真珠矣方平笑曰姑故年少吾

老矣了不喜復作此狡獪變化也方平語經家人曰
吾欲賜汝輩酒此酒乃出天厨其味醇醲非世人所
宜飲飲之或能爛腸今當以水和之汝輩勿怪也乃
以一升酒合水一斗攪之賜經家飲一升許良久酒
盡方平語左右曰不足遠取也以千錢與餘杭姥相
聞求其沽酒須臾信還得一油囊酒五斗許信傳餘
杭姥荅言恐地上酒不中尊飲耳又麻姑鳥爪蔡經
見之心中念言背大癢時得此爪以爬背當佳方平

已知經心中所念即使人牽經鞭之謂曰麻姑神人也汝何忍謂爪可以爬背耶但見鞭着經背亦不見有人持鞭者方平告經曰吾鞭不可妄得也是日又以一符傳授蔡經鄰人陳尉能檄召鬼魔救人治疾蔡經亦得解脫之道如蟬蛻耳經常從王君遊山海或暫歸家王君亦有書與陳尉多是篆文或真書字廓落而大陳尉世世寶之宴畢方平麻姑命駕昇天而去簫鼓導從如初焉

玄俗妻

河間王氏者玄俗妻也玄俗得神仙之道住河間已數百年鄉人言常見之日中無影唯餌巴豆雲母亦賣之於都市一丸一錢可愈百病河間王有病買服之下蛇十餘頭問其藥意答言王之所以病乃六世餘殃所致非王所招也王嘗放乳鹿即麟母也仁心感天固當遇我耳王家老舍人云嘗見父母說玄俗日中無影王召而視之果驗王女幼絕葷血清淨好

道至以此女妻之居數年與女俱入常山時有見者

陽都女

陽都女陽都市酒家女也生有異相眉連耳細長衆以為異疑其天人也時有黑山仙人犢子者鄴人也常居黑山採松子茯苓餌之已數百年莫知其姓名常乘犢時人號為犢子時壯時老時醜時美來往陽都酒家女悅之遂相奉侍一旦女隨犢子出取桃一宿而返得桃甚多連葉甘美異於常桃邑人侯其去

時既出門二人共牽犢耳而走其速如飛久不能追如是且還復在市中數十年夫婦俱去後有見在潘山之下冬賣桃棗焉

新鐫仙媛紀事第三

錢唐雉衡山人楊爾曾輯

樊夫人

樊夫人者劉綱妻也綱仕爲上虞令有道術能檄召鬼神禁制變化之事亦潛修密證人莫能知爲理尚清靜簡易而政令宣行民受其惠無水旱疫毒鷙暴之傷歲歲大豐暇日常與夫人較其術用俱坐堂上綱作火燒客碓屋從東起夫人禁之即滅庭中兩株

捲夫妻各呪一株使相鬭擊良久綱所呪者不知數走出籬外綱唾盤中即成鯉魚夫人唾盤中成獺食魚綱與夫人入四明山路阻虎綱禁之虎伏不敢動適欲往虎即滅之夫人徑前虎即面向地不敢仰視夫人以繩繫虎於床脚下綱每與試術事事不勝將昇天縣廳側先有大皂莢樹綱昇樹數丈方能飛舉夫人平坐冉冉如雲氣之昇同昇天而去後至唐貞元中湘潭有一媪不云姓字但稱湘媪常居止人舍

黃玉林鐫

十有餘載矣常以丹篆文字救疾于閭里莫不響應鄉人敬之為結搆華屋數間而奉媼媼曰不然但土木其宇是所願也媼鬢翠如雲肥潔如雪策杖曳履日可數百里忽遇里人女名曰逍遥年二八豔美携筐採菊偶媼瞪視足不能移媼目之曰汝乃愛我可囘之所止否逍遥欣然擲筐斂衽稱弟子從媼歸室父母奔追及以杖擊之叱而返舍逍遥心益堅竊索自縊親黨敦喻其父母請縱之父母度不可制遂捨

之復詣媪但箒塵易水焚香讀道經而已後月餘媪白鄉人曰某暫之羅浮扃其户慎勿開也鄉人問道遥何之曰前往如是三稔人但於户外窺見小竹遊笋而叢生堦砌及媪歸名鄉人同開鎖見道遥懵坐于室貌若平日唯蒲履為竹稍串于棟宇間媪遂以杖叩地曰吾至汝可學道遥如寐醒方起將欲拜忽還左足如刖于地媪遽令無動拾足勘膝噀之以水乃如故鄉人大駭敬之如神相率數百里皆歸之媪

貌甚閑暇不喜人之多相識忽告鄉人曰吾欲往洞庭救百餘人性命誰有心為我設船一隻一兩日可同觀之有里人張拱家富請具舟檝自駕而送之欲至洞庭前一日有大風濤覆一巨舟沒于君山島上而碎載數十家近百餘人然不至損未有舟檝來救各星居于島上忽有一白鼉長丈餘遊于沙上數十人攔之撾殺分食其肉明日有城如雪圍繞島上人家莫能辨其城漸窄狹東島上人忙怖號叫囊橐皆

為虀粉東其人為簇其廣不三數丈又不可攀援勢巳緊急岳陽之人亦遙覩雪城莫能曉也時媼舟已至岸媼遂登島攘劍步罡噀水飛劍而刺白城一聲如霹靂城遂崩乃一大白鼉長十餘丈蜿蜒而斃劍立其胷遂救百餘人之性命不然頃刻即搆東為血肉矣島上之人咸號泣禮謝命拱之舟返湘潭拱不忍便去忽有道士與媼相遇曰樊姑許時何處來甚相慰悅拱詰之道士曰劉綱真君之妻樊夫人也後

人方知媪即樊夫人也拱遂歸湘潭後媪與逍遙一時返真

東陵聖母

東陵聖母廣陵海陵人也適杜氏師劉綱學道能易形變化隱見無方行中部事道成能坐在立亡杜公不信道常恚怒之聖母時或理疾救人或有所詣杜恚之愈甚訟之官云聖母姦妖不理家務官收聖母付獄頃之已從獄窗中飛去衆望見之轉高入雲中

留所著履一雙在窓下自此昇天遠近立廟祠之民所奉事禱祈立効常有一青鳥在祭所人有失物者乞問所在青鳥即飛集盜物人之上路不拾遺歲月稍久亦不復爾至今海陵縣中不得為姦盜之事大者即風波沒溺虎狼殺之小者即復病也

侯真夫人

侯真夫人少好道術勤修不息忽遇桐栢真人王子喬授以飛解脫網之道遂尸解去惟衣履存焉

郭勺藥

郭勺藥漢度遼將軍東平郭騫女也少好道篤誠真人因授其六甲而得道嘗飛形往來倏忽千里冬日與姊弟語及鮮艷即于袖中出艷一枝纍纍數實甘美異常云得之蓬萊山中亦莫測其自後尸解去或遊玄洲或處東華方諸臺也

張麗英

張麗英漢時張芒女不知何許人英面有奇光不照

鏡但對白紈扇如鑑焉長沙王吳芮聞其異質領兵來聘女時年十五聞芮來乃登山仰臥披髮覆石鼓之下人謂之死芮使人往視之忽見紫雲鬱起遂失女所在石上留詩一首云石鼓石鼓悲哉下土自我來觀民生實苦哀哉世事悠悠我意我意不可辱兮王威不可奪余志有鸞有鳳自歌自舞凌雲歷漢遠絕塵羅世人之子其如我何暫來期會運往即乖父兮母兮無傷我懷

趙素臺

趙素臺者漢幽州刺史趙熙之女也熙少有善行常濟窮困救王恵等族誅有陰德數十事熙得身詣朱陵兒子得道彩遊洞天素臺在易遷宮中已四百年不肯徙自謂天下無復樂於此處也數徽服遊行肹山澤以自足易遷夫人者乃其品也

黃景華

黃景華者漢司空黃瓊之女也景華少好仙道常密

修至要後師韓終授其岷山丹方服之得入易遷宮位為協晨夫人領九宮諸神女亦總教授之真誥註云黃瓊江夏人字世英漢順帝時司空司徒太尉年七十九卒父名香章和帝時為尚書令救活千餘人瓊孫琬司徒太尉為李傕所殺夫人亦不知出適未也

周爰支

周爰支漢河南尹周暢伯持之女也暢汝南安城人好行陰德功在不覺曾作河南尹遭大旱收葬洛陽城傍客死骸骨萬餘人為立義塚祭祀之應時大雨

豐收所行多類此太上以暢有陰行令爰支從南宮受化得仙今在洞中為明晨侍郎爰支亦少好道服茯苓三十年後遇石長生教之以化遁化遁上尸解也暢即周家從弟也性仁慈和篤某帝時為河南尹永和二年夏旱久禱無應收葬萬餘人應時大雨至光祿勲出真誥

張楩枝

張楩枝者漢司隸校尉朱寓季陵母也沛人寓往與陳蕃俱誅寓母以陰德久聞在易遷始得為明晨侍

郎耳出真誥注云朱寓沛人桓靈時八俊後同黨人之列李膺杜密俱下獄死非陳蕃同時

傅禮和

傅禮和者漢桓帝外甥侍中傅建之女也北地人舉家奉佛禮和常日灑掃佛前勤勤祝誓心願仙化常服五星精身生光華得道仙去善為空同之歌歌則禽鳥相舞而集飛聚其前以聽之此乃至誠所感而獲道也久處易遷宮後主掌含真洞天

張微子

張微子者漢昭帝時將作大匠張慶之女不知何郡人也微子少好道因得尸解去先在易遷宮中後職掌華陽含真臺洞天微子自言師東海東華玉妃淳文期受服霧氣之道雲霧是山澤水火之精金石之盈氣久服之則能散影入空與雲氣合體微子修之得其仙道也真誥云文期青童之妹也微子曾精思於靜寢誠心感靈故文期降之

竇瓊英

竇瓊英者竇武之妹也六代祖名峙常以葬枯骨為事以活死為心故後裔及瓊英今得女仙在易遷宮

韓太華

韓太華者韓安國之妹也漢二師將軍李廣利之婦也得道在易遷宮中廣利宿世有功德今亦在南宮受化

劉春龍

劉春龍漢宗正劉奉先之女以其先世有陰德故皆

得道化煉景入華陽易遷宮中劉春龍竇瓊英韓太華李奚子郭叔香並天姿巖麗儀冠駭衆才識偉鑠皆得為明晨侍郎以居洞天侍郎之任以良才舉之不限男女也

郭叔香

郭叔香者王修母得道在易遷宮中真誥注云王修字叔治北海人為魏武郎中令年七歲喪母母以社日亡不知郭誰女也

孫寒華

孫寒華者吳人孫奚之女也師杜契受玄白之要顏容日少周旋吳越諸山十餘年乃得僊道而去一云即吳大帝孫女也於茅山修道道成沖虛而去因號其山為華姥山山在茅山崇禧觀前是也

郝姑

郝姑祠在冀州縣西北四十五里俗傳云郝姑字女君本太原人後居此邑魏青龍年中與鄰女十人於

漚澳洩水邊拖蔬忽有三青衣童子至女君前云東海公娶女君為婦言訖數茵褥於水上行坐往來有若陸地其青衣童子便在侍側沿流而下鄰女走告其家家人往看莫能得也女君遥言云幸得為水仙願勿憂怖仍言每至四月送刀魚為信自古至今每年四月內多有刀魚上來鄉人每到四月祈禱州縣長吏若謁此祠先拜然後得入於祠前忽生青白石一所縱横可三尺餘高二尺餘有舊題云此是姑夫

上馬石至今存焉

張玉蘭

張玉蘭者天師之孫靈真之女也幼而潔素不茹葷血年十七歲夢赤光自天而下光中金字篆文繚繞數十尺隨光入其口中覺不自安因遂有孕母氏責之終不言所夢唯侍婢知之一日謂侍婢曰吾不能忍恥而生死而剖腹以明我心其夕無疾而終侍婢以白其事母不欲違冀雪其疑忽有一物如蓮花自

臨其腹而出開其中得素金書本際經十卷素長一丈許幅六七寸文明甚妙將非人功玉蘭死旬月常有異香乃傳寫其經而葬玉蘭百餘日大風雷雨天地晦瞑失經其玉蘭所在墳壙自開棺蓋飛在巨木之上視之空棺而已今墓在益州温江縣女郎觀是也三月九日是玉蘭飛昇之日至今鄉里常設齋祭之靈真即天師之子名衡號曰嗣師自漢靈帝光和三年己未正月二十三日於陽平化白日昇天玉蘭

産經得道當在靈真上昇之後三國分競之時也

王妙想

王妙想蒼梧女道士也辟穀服氣住黃庭觀邊水之傍朝謁精誠想念丹府由是感通每至月旦常有光景雲物之異重嶂幽壑人所罕到妙想未嘗言之於人如是歲餘朔旦忽有音樂遥在半空虛徐不下稍久散去又歲餘忽有靈香郁烈祥雲滿庭天樂之音震動林壑光燭壇殿如十日之明空中作金碧之色

烜爚亂眼不可相視須臾千乘萬騎懸空而下皆乘騏驎鳳凰龍鶴天馬人物儀衛數千人皆長丈餘持戈戟兵杖旌旛幢蓋良久乃鶴蓋鳳車導九龍之輦下降壇前有一人羽衣寶冠佩劍曳履昇殿而坐身有五色光赫然羣僊擁從亦數百人妙想即往視謁大僊謂妙想曰吾乃帝舜耳昔勞獻萬國養道此山每欲誘教後進使世人知道無不可教授者且大道在乎內不在於外道在身不在他人玄經所謂修之

於身其德乃真此蓋修之自已證儼成真非他人所能致也吾觀地司奏汝於此山三十餘歲始終如一守道不邪存念貞神遵稟玄戒汝亦至矣若無所成證此乃道之棄人也玄經云常善救物而無棄物道之布惠周普物物皆欲成之人人皆欲度之但是世人福果單微道氣浮淺不能精專於道既有所修又不勤久道氣未應而已中怠是自人棄道非道之棄人也汝精誠一至將以百生千生望於所誠不怠不

退深可悲愍吾昔遇太上老君示以道德真經理國
理身度人行教此亦可以亘天地塞乾坤通九天貫
萬物為行化之要修証之本不可譬論而言也吾常
銘之於心布之於物弘化濟俗不敢斯須輒有怠替
至今稟奉師匠終劫之寶也但世俗浮詐迷妄者多
嗤譏光之人以為懦怯輕退身之道以為迂劣喫絕
聖棄智之旨以為荒唐鄙絕仁棄義之詞以為勁捷
此蓋迷俗之不知也玄聖之意將欲還淳復樸崇道

黜邪斜徑既除至道自顯淳樸已立澆兢自祛此則裁制之義無所施兼愛之慈無所措昭灼之聖無所用機譎之智無所行天下混然歸乎大順此玄聖之大旨也柰何世俗浮偽人奔奢巧帝王不得以靜理則萬緒交馳矣道化不得以坦行則百家紛競矣故曰人之自迷其日固久若洗心潔已獨善其身能以至道為師資長生為歸趣亦難得其人也吾以汝修學勤篤暫來省視爾天骨宿禀復何疑乎汝必得之

也吾昔于民間年尚沖幼忽感太上大道君降於曲
室之中教以修身之道理國之要使吾瞑目安坐冉
冉乘空至南方之國曰揚州上直牛斗下瞰淮澤入
十龍之門泛昭回之河瓠瓜之津得水源號方山四
面各闊千里中有玉城瑤闕云九疑之山山有九峯
峯有一水九江分流其下以注六合周而復始沂上
於此以灌天河故九水源出此山也上下流注周于
四海使我導九州開八域而歸功此山山有三宮一

名天帝宫二名紫微宫三名清源宫吾以曆數既往歸理此山上居紫微下鎮于此常以久視無為之道分命仙官下教於人夫諸天上聖高真大仙愍劫曆不常代運流轉陰陽倚伏生死推遷俄爾之間人及陽九百六之會孜孜下教以救於人愈切於世人求道若存若亡繫念存心百萬中無一人勤久者天真憫俗常在人間隱景化形隨方開悟而千萬人中無一人可教者古有言曰修道如初得道有餘多是初

勤中情前功併棄耳道豈負於人哉汝布宣我意廣令開曉也此山九峰者皆有宮室命真宮主之其下有寶玉五金靈芝神草三天所鎮之藥太上所藏之經或在石室洞臺靈崖嵌谷故亦有靈司主掌巨虬猛獸螣蛇毒龍以為備衛一曰長安峰二曰萬年峰三曰宗正峰四曰大理峰五曰天寶峰六曰廣得峰七曰宜春峰八曰宜城峰九曰行化峰下有宮闕各為理所九水者一曰銀花二曰復淋水三曰巢水四

曰許泉五曰歸水六曰沙水七曰金花水八曰永安
水九曰晉水壯水九支流四海周灌無窮山中異獸
珍禽無所不有無毒螫鷙玃之物可以度世可以養
生可以修道可以登真也汝居山以來未嘗遊覽四
表拂衣塵外遐眺空碧俯睇岑巒固不可得而知也
吾為汝導之得不勉之修之侍駕景策空然後倒景
而研其本末也於是命侍臣以道德二經及駐景靈
丸授之而去如是一年或三五降于黃庭觀十年後

妙想白日昇天茲山以舜修道之所故曰道州營道縣

成公智瓊

魏濟北郡從事掾弦超字義起以嘉平中夕獨宿夢有神女來從之自稱天上玉女東郡人姓成公字智瓊早失父母上帝哀其孤苦令得下嫁超當其夢也精爽感悟美其非常人之容覺而欽想如此三四夕一旦顯然來駕輜軿車從八婢服羅綺之衣姿顏容

色狀若飛仙自言年七十視之如十五六車上有壺榼清白琉璃飲啗奇異饌具醴酒與超共飲食謂超曰我天上玉女見遣下嫁故來從君蓋宿時感運宜為夫婦不能有益亦不能為損然常可得駕輕車肥馬飲食常可得遠味異膳繒素可得充用不乏然我神人不能為君生子亦無妒忌之性不害君婚姻之義遂為夫婦贈詩一篇曰飄浮敎述敖曹雲石滋芝一英不須潤至德與時期神仙豈虛降應運來相之

納我榮五族逆我致禍灾此其詩之大較其文二百
余言不能悉舉又著易七卷有卦有象以彖為屬故
其文言既有義理又可以占吉凶猶揚子之太玄薛
氏之中經也超皆能通其旨意用之占候經七八年
父母為超取婦之後分日而燕分夕而寢夜來晨去
倏忽若飛唯超見之他人不見也每超當有所求智
瓊已嚴駕於門百里不移兩時千里不過半日超後
為濟北王門下掾文欽作亂魏明帝東征諸王見移

于鄴宮官屬亦隨監國西徙鄴下狹窄四吏共一小屋超喜獨臥智瓊常得往來同室之人頗疑非常智瓊止能隱其形不能藏其聲且芬香之氣達于室宇遂為伴吏所疑後超常使至京師空手入市智瓊給其五疋蒻緋五端細綷綵色光澤非鄴市所有同房吏問意狀超性踈辭拙遂具言之吏以白監國委曲問之亦恐天下有此妖幻不咎責也既而夕歸玉女遂求去曰我神仙人也雖與君交不願人知而君性

踈漏我今本末已露不復與君通接積年交結恩義
不輕一旦分別豈不愴恨勢不得不爾各自努力矣
呼侍御下酒啗發簏取織成裙衫兩副遺超又贈詩
一首把臂告辭涕泗溜漓蕭然升車去若飛流超憂
感積日殆至委頓去後積五年超奉郡使至洛到濟
北魚山下陌上西行遥望曲道頭有一馬車似智瓊
驅馳前至視之果是也遂披帷相見悲喜交至授綏
同乘至洛克復舊好至太康中猶在但不日日往来

三月三日五月五日七月七日九月九日月旦十五
每來、輒經宿而去張茂先為之賦神女其序曰世
之言神仙者多矣然未之或驗如弦氏之婦則近信
而有徵者甘露中河濟之間往來京師者頗說其事
聞之常以為鬼魅之妖耳及遊東土論者洋、異人
同辭猶以為流俗小人好傳浮偽之事直謂訛謠未
遑考校會見濟北劉長史其人明察清信之士也親
見義起受其所言讀其文章觀其衣服贈遺之物自

非義起凡下陋才所能構合也又推問左右知識之者云當神女之來咸聞香薰之氣言語之聲此即非義起淫惑夢想明矣又人見義起獨甚兩行大澤中而不沾濡益怪之然鬼魅之近人也無不羸病損瘦今義起平安無恙而與神人飲燕寢處縫情兼欲豈不異哉

龐女

龐女者幼而不食常慕清虛每云我當昇天不顧住

世父母以為戲言耳因行經東武山下忽見神仙飛空而來自南向北將逾千里女即端立不敢前進仙人亦至山頂不散即便化出金城玉樓瑤宮珠殿彌滿山頂有一人自山而下身光五色來至女前使女昇宮闕之內衆仙羅列儀伏肅然謂曰汝有仙骨當為上真太上命我授汝以靈寶赤書五篇真文授而行之飛昇有期矣昔阿丘曾皇妃皆奉行於世証位高真可不勤耶既受真文羣仙亦隱十年之後白日

昇天其所遇天真處東武山者即今康除化也其後道士張方亦居此山於石室中棲止常有赤虎來往於室方不為懼亦得道昇天麗女一本作逢字

褒女

褒女者漢中人也褒君之後因以為姓居漢沔二水之間幼而好道冲靜無營既笄浣紗於瀘水上雲雨晦冥若有所感而孕父母責之憂恚而疾臨終謂其母曰死後見葬願以牛車載送西山之上言訖而終

父母置之車中未及駕车其車自行踰沔漢二水橫流而渡直上盡口平元山頂平元即盡口化也家人追之但見五雲如蓋天樂駭空幢節導從見女昇天而去及視車中空棺而已邑人立祠祭之水旱祈禱俱驗今盡口山頂有雙轍跡猶存其後陳安世亦於此山得道白日昇天

魏夫人

魏夫人者任城人也晉司徒劇陽文康公舒之女名

華存字賢安幼而好道靜默恭介讀莊老三傳五經百氏無不該覽志慕神仙味真耽玄欲求冲舉常服胡麻散茯苓丸吐納氣液攝生夷靜親戚往来一無關見常欲別居閑處父母不許年二十四彊適太保掾南陽劉文字幼彥生二子長曰璞次曰瑕幼彥後為修武令夫人心期幽靈精誠彌篤二子粗立乃離隔室宇齋于別寢將逾三月忽有太極真人安度明東華大神方諸青童扶桑碧阿陽谷神王景林真人

小有仙王清虛真人王褒来降褒謂夫人曰聞子密緯真氣注心三清勤苦至矣扶桑大帝君勅我授子神真之道青童君曰清虛天王即汝之師也度明曰子苦心求道、今來矣景林真人曰虛皇鑒爾勤感太極已注子之仙名於玉札矣子其勗哉青童君又曰子不更聞上道內法晨景玉經者僊道無緣得成後日當會陽滌山中爾謹密之王君乃命侍女華散條李明允等便披雲蘊開玉笈出太上寶文八素隱書大洞真經靈書八道紫度炎光石精金馬神真虎文高仙羽玄等經凡三十一卷即手授夫人馬王君因告曰我昔於此學道遇南極夫人西城王君授我寶經三十一卷行之以成真人位為小有洞天仙王令所授者即南極元君西城王君之本文也此山洞臺乃清虛之別宮耳於是王君敕立北向執書而祝曰太上三元九星高真虛徽入道上清玉晨寢為太帝所敕使授于魏華存是月丹良吉日戊申謹按寶

書神金虎文大洞真經八素玉篇合三十一卷是褒
昔精思於陽明西山受真人太師紫元夫人書也華
存當謹按明法以成至真誦修虛道長為飛仙有泄
我書族及一門身為下鬼塞諸河源九天有命敢告
華存祝畢王君又曰我受秘訣於紫元君言聽敎於
師云此篇當傳諸真人不但我得而已子今獲之太
帝命焉此書自我當七人得之以白玉為簡青玉為
字至華存則為四矣於是景林又授夫人黃庭內景

經令晝夜存念讀之萬遍後乃能洞觀鬼神安適六府調和三魂五臟生華色反嬰孩乃不死之道也於是四真吟唱各命玉女彈琴擊鍾吹簫合節而發歌歌畢王君乃解摘經中所修之節度及寶經之指歸行事之口訣諸要備訖徐乃別去是時太極真人命北寒玉女宋聯涓彈九氣之璈青童命東華玉女煙景珠擊西盈之鍾暘谷神王命神林玉女賈屈廷吹鳳唳之簫青虛真人命飛玄玉女鮮於虛拊九合玉

節太極真人逘排空之歌青童吟太霞之曲神王諷
晨啓之章清虛咏駕飆之詞既散後諸真元君日夕
来降雖幼彥隔壁寂然莫知其後幼彥物故值天下
荒亂夫人撫養內外旁救窮乏亦爲真仙默示其兆
知中原將亂攜二子渡江璞爲庾亮司馬又爲溫太
真司馬後至安成太守瑕爲陶太尉侃從事中郎將
夫人自洛邑達江南盜寇之中凡所過處神明保佑
常果元吉二子位既成立夫人因得冥心齋靜累感
為比秩仙公使治天台大霍山洞臺中主下訓奉道

真靈修真之益與日俱進凡住世八十三年以晉成帝咸和九年歲在甲午王君復與青童東華君來降授夫人成藥二劑一曰遷神白騎神散一曰石精金光化形靈丸使頓服之稱疾不行凡七日太乙玄仙遣飆車來迎夫人乃託劒化形而去徑入陽洛山中明日青童君太極四真人清虛王君令夫人清齋五百日讀大洞真經并分別真經要秘道陵天師又授明威章奏存祝吏兵符籙之訣衆真各標至訓三日

而去道陵所以徧教委曲者以夫人在世當為女官祭酒領職理民故也夫人誦經萬遍積十六年顏如少女於是龜山九虛太真金母金闕聖君南極元君共迎夫人白日昇天北詣上清宮玉闕之下太微帝君中央黃老君三素高元君太上玉晨大道君太素三元君扶桑大帝君金闕後聖君各令使者致命授夫人玉札金文位為紫虛元君領上真司命南岳夫人比秩仙公使治天台大霍山洞臺中主下訓奉道

三年乙丑降楊家謂楊君曰修道之士不辭晝夜

教授當為仙者男曰真人女曰元君夫人受錫事畢
王母及金闕聖君南極元君各去使夫人於王屋小
有天中更齋戒三月畢九微元君龜山王母三元夫
人諸衆真仙並降於小有清虛上四奏各命侍女陳
鈞成之曲九靈合節八音靈際王母擊節而歌三元
夫人彈雲璈而答歌餘真各歌須臾司命神仙諸隸
屬及南岳迎官並至虎旂龍輦激耀百里中王母諸
真乃共與夫人東南而行俱詣天台霍山臺又便道

過句曲金壇茅山申宴會二日二夕共適于霍山夫
人安駕玉宇然後各別物王君告夫人曰學者當去
疾除病因授甘草穀仙方夫人服之夫人能隸書小
有王君並傳事甚詳悉又述黃庭內景注叙青精健
飯方後屢降茅山子璞後至侍中夫人令璞傳法于
司徒瑯琊王舍人楊羲護軍長史許穆穆子王斧並
皆昇仙陶貞白真誥所呼南真即夫人也以晉興寧
三年乙丑降楊家謂楊君曰修道之士不欲見血肉

見雖避之不如不見又云向過東海中波聲如雷又云裴清靈真人錦囊中有寶神經昔從紫微夫人所受吾亦有是西宮定本即是玄圃北壇西瑤之上臺天真珍文盡藏其中也因授書云若夫仰擲雲輪總轡太空手携宵煙足陟王庭身昇帝闕披寶喻青論九玄之逸度沉萬椿之長生真言玄朗高譚玉清今則廻靈塵埃訓我弟子周目五濁勞神臭腥子所營者道研咏者妙道妙既得吾子加之慮斯蕩散念且

慎之仍云河東桐栢山之西頭適崩二百餘丈吾昨與茅將申誥清虛宮授眞仙之籍得失之事頓落四十七人復上者三人耳固當洗心虛邁勤注理靜心殫意竭如履氷火久〻如此仙道亦不隱矣但在莊敬丹到而絕淫色之念也若抱淫慾之心行上眞之道者清宮所落皆此輩也豈止落名生籍方將被考於三官也勉之慎之宗道者貴無邪棲眞者安恬愉至寂非引順之主淡然非教授之匾故當困煩以無

領耳為道者精則可矣有精而不勤能而不專無益也要在惔心消谿穢念疾開可以數看東山勤望三秀差復益耳言者性命之全敗信者得失之關籥張良三期可謂篤道而明心矣又曰得道去世或顯或隱託體遺跡者道之隱也昔有再酣瓊液而叩棺一服刀圭而尸爛鹿皮公吞玉華而流蟲出戶貫季子咽金液而臭聞百里黃帝火九鼎於荊山尚有喬嶺之墓李玉服雲散以潛昇猶頭足異處墨狄飲虹丹

以沒水甯生服石腦而赴火務光剪薤以入清冷之泉柏成納氣而腸胃三腐如此之比不可勝紀微乎得道趣捨之迹固無常矣保命君曰所謂尸解者假形而示死非真死也南真曰人死必視其形如生人者尸解也足不青皮不皺者亦尸解也目光不落無異生人者尸解也髮盡落而失形骨者尸解也白日尸解自是仙矣若非尸解之例死經太陰暫過三官者南脫脉散血沉灰爛而五藏自生骨如玉七魄營

侍三魂守宅者或三十年二十年十年三年當血肉
再生復質成形必勝於昔日未死之容者此名煉形
太陰易貌三官之僊也天帝云太陰煉身形勝服九
轉丹形容端且嚴面色似靈雲上登太極闕受書為
真人是也若暫遊太陰者太一守尸三魂營骨七魄
侍肉胎靈錄氣皆數滿再生而飛天其用他藥尸解
非是靈丸者即不得返故鄉三官執之也其死而更
生者未殮而失其尸有皮存而形無者有衣結不解

衣存而形去者有髮脫而形飛者有頭斷已死乃從
一旁出者皆尸解也白日解者為上夜半解者為下
向曉向暮去者為地下主者此得道之差降也夫人
之修道或災逼禍生形壞氣亡者似由多言而守一
多端而期尚免也是以層巢頹枝而墜落百勝失於
一敗惜乎逼仙之才安可為一豎子而致斃耶智以
無涯傷性心以欲惡蕩真豈若守根靜中棲研三神
彌貫萬物而洞玄鏡寂混然與泥丸為一而內外均

福也真人帰心於一任於永信心帰則正神和信順
利真之趣自然之感無假兩際也若外見察觀之氣
內有慍結之晒有如此者我見其敗未見其立地下
主者乃下道之文官地下鬼師乃下道之武官文解
一百四年一進武解倍之世人勤心於嗜慾兼味於
清正華目以隨世畏死而希仙者皆多武解尸之最
下也夫人與衆真吟詩曰玄感妙象外和聲自相招
靈雲鬱紫晨蘭風扇綠軿上真宴瑤臺邈為地仙標

所期貴遠邁故能秀頴翹翫彼八素翰道成初不遼
人事胡可預使爾形氣消夫人既遊江南遂於撫州
并山立靜室又於臨汝水西置壇宇歲久無梗蹤跡
殆平有女道士黃靈微年邁八十貌若嬰孺號爲花
姑特加修飾累有靈應夫人亦寓夢以示之後亦昇
天玄宗敕道士蔡偉編入後仙傳大曆三年戊申魯
國公顏真卿重加修葺立碑以紀其事焉

王進賢

王進賢者晉武帝尚書令王衍女為愍懷太子妃洛陽亂劉曜石勒掠進賢渡孟津河於河中欲妻之進賢罵曰我皇太子婦司徒公之女而故羌小子敢欲干我乎言畢即投河中其侍婢名六出復言曰大既有之小亦宜然復投河中時遇嵩高女真韓西華出遊而愍之撫接二人遂獲內救外示死形體實密濟便將入嵩高山今在華陽宮洞內易遷之中六出時年二十二三歲體貌亦整善有心節本姓田濮陽人

魏故浚儀令田諷之孫諷曾有陰德之行以及于六

出耳 晉書載小異

李奚子

李奚子者晉舉平太守李惠祖母也不知姓氏惠祖父貞節丘園性多慈愍以陰德為事奚子每專一志務于救人大雪寒凍每積稻布谷於園庭恐禽鳥餓死其用心如此令得道而居華陽洞中

萼綠華

蕚綠華者女仙也年可二十許上下青衣顏色絕整以晉穆帝昇平三年己未十一月夜降於羊權家自云是南山人不知何僊也自此一月在權家權字道學即晉簡文黃門郎羊欣祖也權及欣皆潛修道要耽玄味真綠華云我本姓楊又云是九嶷山中得道女羅郁也宿命時曾為其師母毒殺乳婦玄州以先罪未滅故暫謫降臭濁以償其過贈權詩一篇末句云所期豈朝華歲暮于吾子并致火澣布手巾一金

玉條脫各一枚條脫似指環而大異常精好謂權曰慎無泄我下降之事泄之則彼此獲罪因曰修道之士視錦繡如弊帛視爵位如過客視金玉如礫石無思無慮無事無為行人所不能行學人所不能學勤人所不能勤得人所不能得何者世人行嗜欲我行介獨世人學俗務我學恬淡世人勤聲利我勤內行世人得老死我得長生故我行之已九百歲矣授權尸解藥亦隱景化形而去今在湘東山中

錢妙真

錢妙真二姊妹依岡隱居誦黃庭經積功修行三十年至梁普通二年道成入洞唐天寶七年奉勅建宮名燕洞宮即茅山燕洞也至今有紫菖蒲碧桃在焉其姊被白練先入洞妹後至洞已扃矣宋淳化五年夏侯嘉貞率士民往洞投金龍是夜雷霆其洞復開一吏潛入遇道士與林檎一枚食之絕粒田霖詩云燕口龍泓氣象清妙真此處有遺靈兄仙去後師猶

石丈飛來晴户已扃雲片尚如披白練泉聲常似誦
黃庭碧桃花叢菖蒲紫留與人間作畫屏

新鐫仙媛紀事第四

錢唐雉衡山人楊爾曾輯

雲英

裴航唐長慶中秀才下第因遊襄漢同舟有樊夫人國色也航無由覩面賂婢裊烟詩云向為胡越猶懷想況遇天仙隔錦屏儻若玉京朝會去願隨鸞鶴入青冥夫人乃使裊烟召航相識夫人曰妾有夫在漢南將欲弃官而幽棲岩谷召其一決耳深驚行不及

期豈更有情留盼他人耶但喜與郎君有小因緣他自必為姻懿也毋以諧謔為意航辭而歸夫人答詩曰一飲瓊漿百感生玄霜擣盡見雲英藍橋便是神仙窟何必崎嶇上玉京航覽之空愧佩而已然亦不能達詩之趣隨扺襄漢夫人與裊烟登岍而去後航經藍橋驛傍因渴甚下車求漿見茅舍老嫗紡績麻苧航揖之求漿嫗咄曰雲英擎一甌漿來航訝之憶夫人詩有雲英之句俄雲英于葦箔之下雙玉手捧

黃玉林鐫

瓷甌航接飲之真玉液也因還甌遂揭箔覩一女子光彩照人愛慕之求止宿因白嫗曰向覩小娘子姿容耀世所以躊躕不能去願納厚禮而娶之可乎嫗曰老病只有此女孫昨神仙與靈藥一刀圭但須玉杵臼擣之百日方可就吞當得后天而老君欲娶此女者得玉杵臼吾當與之航拜謝曰願以百日為期必携杵臼而至更無許人嫗曰然既至京適遇一玉杵臼非二百緡不可得航乃傾囊兼貨僕馬方及其

傎乃獨攜至藍橋嫗大笑曰有如此信士乎乃許為
婚女曰更為擣藥百日方議姻好嫗于襟帶間解藥
航即擣之夜則嫗收藥于內室航又聞擣藥聲因窺
之有玉兔持杵臼雪光耀室百日足嫗持藥而吞之
曰吾入洞告親戚為裴郎具帷帳遂挈女入山謂航
曰但少留此逡巡遣車馬隸人迎航而往至一大第
內有帳幄屏帷珠翠珍玩莫不備具仙童仙女引航
入帳就禮訖及引見諸賓皆神仙中人有一女鬟髻

霓裳云是妻之姊耳航拜訖女曰裴郎不相識耶航曰昔非姻好不省拜侍女曰不憶鄂渚同舟而抵襄漢乎航深驚謝左右云是雲翹夫人劉綱仙君之妻也已是高真為玉皇之女史嫗遂將航夫妻入玉峰洞中居之瓊樓珠室餌絳雪瓊英之丹體性清虛毛髮紺綠超為上仙至太和中友人盧顥遇之于藍橋驛之西因說得道之事乃贈藍田美玉十斤紫府靈丹一粒叙話永日使達書于親愛

鮑姑

鮑姑南海太守鮑靚之女晉散騎常侍葛洪之妻也靚字太玄陳留人也少有密鑒洞於幽無詭心冥思人莫知之靚及妹並先世累積陰德福逮於親故皆得道姑及小妹并登仙品靚學通經緯後師左元放授中部法及三皇五嶽劾召之要行之神驗能役鬼神封山制魔東晉元帝大興元年戊寅見於蔣山遇真人陰長生授刀解之術累徵至黃門侍郎求出為

南海太守以姑適葛稚川稚川自散騎常侍爲煉丹砂求爲勾漏縣令太玄在南海小女及笄無病暴卒太玄時對客畧無悲悼葬于羅浮山容色如生人皆謂尸解靚還丹陽卒葬于石子崗後遇蘇峻亂發棺無尸但有大刀而已賊欲取刀聞冢左右有兵馬之聲頓之驚駭中間有刀訇然有聲若雷動之音衆賊奔走賊平之後收刀別復葬之靚與妹亦得尸解之道姑與稚川相次登仙後有崔煒者居南海時中元

曰番禺人多陳設珍異於神廟煒往窺之見一老嫗足蹶覆人酒甕被當罏者毆擊煒趨解曰酒值幾錢當罏者曰直一貫煒即解衣為之代償老嫗不謝而去異日復遇諸途乃曰昨蒙為我解難不敢忘也吾善醫贅瘤今有越井岡艾少許聊為君謝若遇贅瘤即可以治之不過一灼無不愈者後遇一僧人贅垂于耳一灼立愈僧因引至一大富室其人有贅一灼亦愈由是名顯延者甚衆一旦遂成富翁煒不敢忘

旦夕在念一日復遇一人告曰老嫗者乃是鮑靚之女葛洪真人之妻也行此灸於南海者積有年矣

丁淑英

丁淑英者不知何許人也有救窮之陰德拯趙阜之危難上感皇人授以道要今為朱陵仙嬪數遊三清司命亦令聽政也

黃仙姑

黃仙姑者東晉神仙黃仁覽之妹也前是神仙吳猛

葬母于臨江軍之新淦縣石壁峭立有仙墓仙井仙壇在焉壇墓至今無恙地因名大墓嶺一名吳嶺時仁覽兄妹皆會仙姑雅愛其地山水依吳母墓修行煉丹後白日飛昇留下煉丹石一片石受丹火歲久不冷每提缾水其上不火自湯名為沸石宋哲宗旌異賜建仙姑觀復改為黃仙靈應觀有沸石泉井至今存焉四方水旱疾疫祈禱輒應之

趙愛兒

趙愛兒者幽州刺史劉虞別駕趙該姊也好道得尸解後又受符見居東華方諸臺

王魯連

女仙王魯連魏明帝城門校尉范陽王剛女也（真誥云王伯綱女未審孰是）剛得道於元州魯連見父沖天遂勤志修道入陸山遇太一真人授以飛昇之法行之白日昇天

九華安妃

九華安妃古之得道女仙也晉哀帝興平三年六月望夜與紫微王夫人降授真人楊羲道要與一神女俱來者云錦橋上丹下青文彩光鮮視之年可十三四許左右又有兩侍女一侍女手中持一錦囊長一尺二寸以盛書有十餘卷以白玉檢囊口見刻檢上字云玉清神虎内真紫元丹章其一侍女棒一白箱以絳帶束絡之白箱以象牙形也二侍女年可十七八皆整飾非常神女及侍者顏容瑩潔鮮徹如玉香

氣飄亂燒香嬰也注香嬰出外國紫微夫人曰此是太虛上真元君金臺李夫人之少女也昔嘗詣龜山學上清得道成真受太上書命為紫清上宮九華真妃者也於是賜姓為安名鬱嬪字靈蕭真妃至良久手中先握三枚棗色如乾棗而形長大內無核其味甘美異常棗真妃以一枚與楊義食之畢真妃作文相贈又紫微王夫人亦作文相曉諸真人皆受書畢各去獨真妃小留命侍女檢裝囊中出上清玉霞紫映內觀

隱書上清還晨歸童日暉中元共二卷皆三元八命之書也付楊義令寫之又云君若不耐風火之烟欲抱真形於幽林者且可尋劒解之道作告終之術也楊義後果劒解隱化後遂飛昇

河壯王母

女仙河壯王母蓋有道者莫知其年紀惟見重白和一人和字仲禮魏朝仙人也和每拜王母常坐而止之語諸人言阿和是吾鄰家兒吾少兩長者晉武之

末和別去云被崑崙名邈去不知所之惠帝元康二年相識人見和在華陰山中乘虎從王母四五人顔色更少寄謝其親甚分明

韓西華

韓西華者不知何許人也慈愛於物常行陰功至于蛸翹微命皆愛而護之學道得仙今在嵩山洞天之中

王抱臺

女仙王抱臺不知何所人得道為主仙道君之侍女居元州之宮州之四面元濤大波非人迹所到昔清虚王真人隨西城王君登此州上詣仙都闕下朝謁主仙道君君命抱臺披緑韞瓊笈出隱書龍文八靈真経以授清虚真人

王奉仙

女仙王奉仙宣州人也家貧父母耕織為業奉仙年十四於田中忽見青衣童少女十許人與之嬉戲良

久散去他日往田所見之如舊月餘諸女夜集其家
終夕言笑達旦方去或携珍果殽饌而来非世所有
其房甚狹来衆雖多不覺其隘父母疑而伺之終無
所見又疑妖物所惑詰責甚切每託他辭以對自是
諸女晝日往来與之遠遊無所不届及暮乃返奉仙
自此不飲不食漸覺其異一日近夕母見在庭竹之
杪墜身投地因問其故乃言所遇皆是仙女每周遊
天上自此竹竿上昇往来諸女又剪奉仙之髮蒴其

眉目後垂到肩積年不復長而肌膚豐潔若氷玉眀眸異貌天人之相也又智辯明悟人所不見及言論之理契合要妙常與高遠之人言曰某所遇者道人也所得者仙也所見之女皆女仙也每到天宫見上仙所居仙人多披服衣繡雲冠霜簡執仙花靈草詠吟洞章或登雲門芝田瑤宫瓊闕話長生度世之事行於星漢之上不知其幾千萬里也初到天上曰大有宫天尊處廣殿之中萬真侍衛夫人無數也奉仙

謁見天尊命左右以玉漿一杯賜之謂奉仙曰汝有
仙骨法當上仙由是運未滿五十年方復還此百穀
養真自此不食貞氣草木之菓食之損人年壽汝宜
辟之骨寶食之傷人二十年矣夫天尊化於天上主
宰萬物若世人之父也世尊化於世上觀人以善若
世人之母也儒與行於世間若世人之兄長也舉世
人如嬰兒焉但識其母不知其父兄之尊故知道者
少重儒者寡不無怪也奉仙所見天上事與今道家

無異了無菩薩佛像也奉仙所圖畫功德多作夫人帝王道君朝服之儀題云朝天圖遊于淮浙間所至之處觀者雲集奉仙唯以忠孝正直之道清淨儉約之言修身密行之要以散于士女故遠近欽仰金玉寶貨塡委其前所設萬計皆委而不受云云奉仙與二女弟子居洞庭上後居錢塘　須山二女弟子奉香火建殿宇華盛力未嘗闕一旦而終年六十八果符五十年之說也其平日宴坐居室則覩千里之事

凝思遊神則朝九天之上將終雲鶴屢降異香盈室化後尸形柔澤肌膚如生識者以爲尸解

梁母

梁母者盱眙人也寡居無子舍逆旅于平原亭客来投憩咸若還家客還錢多少未嘗有言客住經月亦無所猒犒衣粗食之外所得施諸貧寒常有少年住經日舉動異常臨去曰我東海小童也母亦不知小童何人也宋元徽四年丙辰馬耳山道士徐道盛暫

至蒙陰於鋒城西遇一青羊車車自住見一童呼徐
道士前道盛行進去車三步許止又見二童子年並
十二三許齊着黃衣絳裹頭上髻容服端整世所無
也車中人遣一童子傳語曰我平原客舍眾母也今
被太上召還應過蓬萊尋子喬經太山檢考召意欲
相見果得子來靈轡飄飄玄綱嶮巇津驛有限日程
三千侍對在近我心憂勞便當乘煙三清共三子見
送到玄都國汝為我謝四方諸清信士女太平在近

十有餘年好相開度過此憂危舉手謝云太平相見馳車騰逝極目乃没道盛逆旅訪之正梁度世日相見也

屈女

東吴葛仙公玄嘗在荆門軍紫盖山修煉值天寒大凍仙公跣足衣衫藍縷時有屈家二女窺見憐其忍冷夤夜促成雙履次日欲獻之往煉丹之所仙公已去但存爐灰尚温二女撥灰而得丹一粒姊妹分而

服之自後神氣沖沖不饑不渴惟慕清修後隱去時
人謂得仙矣

諶姆

諶姆者不知何許人也其字曰嬰常居金陵丹陽郡
之黃堂潛修至道忘其甲子耆老累世見之齒髮不
衰容貌常少皆以諶姆呼之謂其可為人師也吳大
帝時行丹陽市中忽遇一男子年可十四五叩頭再
拜願為義子諶姆告曰汝既成長須侍養所生何得

背其已親而事吾為母既非其類不合大道于是童子號謝而去又經旬月復過市中忽見孩兒年可三歲悲啼呼叫莫知誰氏之子因遇諶姆執衣不捨告曰我母何来唯願哀憐諶姆憐其無告遂收歸撫育漸向成大侍供甘旨晨昏不虧心與道合行通神明聰慧過人博通經教天文地理百家之流窮物極玄探微索奧年將弱冠風神挺邁所居常有雲氣光景彷彿時說蓬萊閬苑之事母異之謂曰我修奉正道

其来久矣汝以吾撫育暫此相因汝既無天將以何
為娃氏兒曰昔蒙天真盟授靈章錫以名品約為孝
悌明王請以此名號可乎母曰既天真付授吾何敢
有違復議求婚兒號母前說讚曰我非世間人上界
真高仙今與母為兒乃是宿昔緣因得行孝道度脫
諸神仙向前十五童亦是我化身今已道氣圓我將
返吾身真凡自殊趣何為議婚姻盍於黃堂壇傳教
付至人母既施吾教三清棲我神諶姆聞讚驚畏異

常遂於黃堂建立壇靖嚴奉香火大闡孝悌明王之
教明王告母修真之訣曰每須高處玄壇踈絕異黨
修閒丘阜餌服陽和靜夷玄圃委鑒前非無英寶帙
黃老玉書大洞真經豁落大元太上隱玄之道可致
偃息於流霞之車眷睠乎文昌之臺得此道者九鳳
齊唱天籍駛虛踈身御節八景浮空龍輿虎旂遊翔
八方矣母宜寶之於是盡得妙訣兼授靈章已而歸
母飛騰大空諶姆受說寶而秘之積數十年而人無

知者至晉之末許真君遜吳真君猛聞媪有道遠詣丹陽求受道法媪知其名在圖籍應為神仙於是授以孝道明王之教真仙飛舉之宗正一斬邪之法三五飛步之術仍以蘭公所授孝弟明王銅符鐵券金丹寶經一遵元戒傳付許君媪語二君曰世雲昔為遜師今玉皇玄譜之中猛為御史而遜為高明大使總領仙籍五品已還又所主十二辰配十二國之分野遜為玄枵之野於辰為子猛統星紀之邦於辰為

毋許位當在于吳之上以從仙階之等降也乃令以道授吳君二君禮謝將辭歸許君欲每歲來禮謁姆姆止之曰子勿來吾即還帝鄉矣乃取香茅一根望南擲之茅隨風飛去因謂曰子歸於居之南數十里於茅落處立吾祠歲秋一至足矣語訖忽有雲龍之駕千乘萬騎迎諶毋白日昇天今洪州高安縣東四十里有黃堂壇靖即許君立祠每年八月三日朝拜聖母之所其昇天事迹在丹陽郡中後避唐宣廟諱

鍾陵祠號為諶母其孝道之法與靈寶小異豫章人
世世行之

劉仙姑

劉仙姑名懿靖安縣人年數百歲貌若童子諶姆嘗
稱之真君往見則已飛昇矣遂留寶車華車遺之車
因風飄舉三日而下因名其觀曰華車觀碑碣猶在
今號棲霞觀

許氏

許氏者許真君遜之女也適建安黃仁覽盡得真君道妙日究神仙之學任青州從事單騎之官留許氏侍翁姑一夕家童報許氏院中夜有語笑聲姑訊之許氏曰黃郎爾姑曰吾子從事數千里安得至此許氏曰彼已得仙道能頃刻千里戒在漏語故不敢令姑知姑曰若然當使我見之是夕仁覽歸許氏告以故比明仁覽不得已出謁父母曰仁覽雖從官遠鄉必夜潛歸膝下仙道秘密不可泄言恐招讒累言訖

取竹杖化為青龍乘之而去後許真君輕舉之日許氏同仁覽公姑三十二口白日飛昇仙仗既行許氏釵偶墜落今有許氏墜釵州

薛練師

女真薛練師不知何許人也晉時世弊京邑不寧有道之士多棲寓山林以避世因居南嶽尋真臺外示同塵內修至道常騎白豹遊耆闍峰黃鳥白猿不離左右後於雲龍峰尸解出仙傳拾遺湘中記云晉女真薛

續師冲舉之處梁武帝天監五年建觀

李夫人

靈照李夫人年可十三四許上元中玄道君李慶賓之女太保玉郎李靈飛之小妹受書為東宮靈照夫人治方文臺第十三朱館以晉興平中降陽君皃紫錦衣襹虎紳虎符流金鈴帶青玉色綬有兩侍女年二十許着青綾衣一侍女名隱暉捧赤玉箱二枚青帶絡玉檢文題檢一曰太上章一曰太上文自此後

數數來降授書作詩

酒母

酒母闔下酒婦遇卜師呼于老者不知何許人也年五十餘云已數百歲酒婦異之每加禮敬忽來謂婦曰急裝束與汝共應中陵王去是夜果有異人來持二茅狗一與于老一與酒婦俱令騎之乃龍也相隨上華陰山上常大呼云于老酒母在此

班孟

班孟者不知何許人也或云女子也能飛行經日又能坐空虛中與人語又能入地中初去時沒足至胷漸入但餘冠幘良久而盡沒不見又以指刺地即成井可汲吹人屋上瓦瓦飛入人家嘗取人桑果數千株皆拔聚之或堆積如山如此十餘日吹之各還其故處如常又能含墨口中舒紙着前嚼墨噴之皆成文字竟紙各有意義服酒餌丹年四百歲更少入大冶山中仙去

天台二女

劉晨阮肇入天台採藥遠不得返經十三日饑遥望山上有桃樹子熟遂躋險援葛至其下噉數枚饑止體充欲下山以盃取水見蕪菁葉流下甚鮮妍復有一杯流下有胡麻飯馬乃相謂曰此近人家矣遂渡山出一大溪溪邊有二女色甚美見二人持盃便笑曰劉阮二郎捉向盃来劉阮大驚二女忻然如舊相識曰来何晚耶因邀還家西壁東壁各有絳羅帳帳

角懸鈴上有金銀交錯各有數侍婢使令具饌有胡麻飯山羊脯牛肉甚甘美食畢行酒俄有羣女持桃子咲曰賀汝壻來酒酣作樂夜後各就一帳宿婉態殊絕至十日求還苦留半年氣候草木常似春時百鳥啼鳴更切懷鄉歸思甚苦女遂相送指示還路鄉邑零落已十世矣

魯妙典

魯妙典者九嶷山女官也生即敏慧高潔不食葷飲

酒十餘歲即謂其母曰旦夕聞食物臭濁往往鼻腦疼痛願求不食舉家憐之復知服氣餌藥之法居十年常悒悒不樂因謂母曰人之上壽不過百二十年哀樂日以相害況女子之身豈可復埋沒真性混於凡俗乎有麓床道士過之授以大洞黃庭經謂曰黃庭經扶桑大帝君宮中金書誦詠萬遍者得為神仙但在堅心不倦耳經云詠之萬遍昇三天千災已消百病痊不憚虎狼之凶殘亦已却老年永延居山獨

慶咏之一遍如與十人為侶輒無怖畏何者此經名集身中諸神澄正神氣神氣正則外邪不能干諸神集則怖畏不能及若形全神集氣正心清則徹見千里之外纖毫無隱矣所患人不能知知之而不能修修之而不能精精之而不能久中道而喪自棄前功不惟有玄科之責亦將流蕩生死苦報無窮也妙典奉戒受經入九嶷山岩棲靜玄默累有魔試而貞介不撓積十餘年有神人語之曰此山大舜所理天地

之總司九州之宗主也古有高道之士作三處麓床可以棲庇風雨宅形念貞歲月既久旋皆朽敗今為製之可以遂性宴息也又十年真僊下降授以靈藥白日昇天初妙典居山峰上無水神人化一石盆大三尺長四尺盆中常自然有水用之不竭又有大鐵臼亦神人所送不知何用今並在上僊壇石上宛然有仙人履迹各古鏡一面大三尺鐘一口形如偃月皆神人送來並妙典昇天所留之物今在無為觀

盱母

盱母者真君許遜之姊真君盱烈之母也外混世俗而內修真要常云我千年之前曾居西山世累消息當歸真於彼其子名烈字道徹少喪父事母以孝聞家貧而營侍甘旨未嘗有闕鄉里推之西晉武帝時同郡吳猛許遜精修通感道化宣行居洪崖山築壇立請猛既去世遜即以寶符真籙拯俗救民遠近宗之遜仕州為記室後每朔望還家朝拜人或見其乘

龍往來徑速如咫尺耳旰君淳篤忠厚遜委用之即與母結草於遜宅東壯八十餘步旦夕侍奉謹愿恭肅未嘗有怠母常於山下採擷花果以奉許君君惜其誠志常欲拯度之元慶二年壬子八月十五日太上命玉真上公崔文子太玄真卿瑕丘仲甫命徵拜許君為九州都仙大使高明主者白日昇天許君謂道微及母曰我承天帝之命不得久留汝可後隨仙輿期於異日母子悲不自勝再拜告請願侍雲輦君

許之即賜靈藥服之躬禀真訣於是午時從許君昇
天令壇靖存焉鄉人不敢華繕蓋盱君母子儉約故
也世號為盱母靖焉

杜蘭香

杜蘭香者有漁父於湘江洞庭之岸聞兒啼聲四顧
無人惟三歲女子在岸側漁父憐而舉之十餘歲天
姿奇偉靈顏姝瑩殆天人也忽有青童靈人自空而
下來集其家携女而去臨昇天謂其父曰我仙女杜

蘭香也有過謫于人間玄期有限今去矣自後時亦還家建興四年春數詣張傳傳年十七望見車在門外婢通言阿母所生遣授配君君可不敬從傳先改名碩碩呼女前視可十七八說事邈然久遠有婢子二人大者萱支小者松支鈿車青牛牛飲食皆備作詩曰阿母處靈岳時遊雲霄際衆女侍羽儀不出墉宮外飄輪送我來且復恥塵穢從我與福俱嫌我與禍會至其年八月旦來復作詩曰逍遥雲霧間呼嗟

叢九疑流汝不稽路弱水何不之出薯蕷子三枚大
如鷄子云食此令君不畏風波辟寒温食二欲留一
不肯令碩食盡言本為君作妻情無曠遠以年命未
合其小乖大歲東方卯當還求君初降時留玉簡玉
唾盂紅火浣布以為登真之信焉又一夕命侍女賷
黄麟羽帔絳履玄冠鶴氅之服丹玉珮揮劒以授於
碩曰此上仙之所服非洞天之所有也碩問禱祀何
如香曰消魔自可愈疾淫祀無益蘭香以藥為消魔

白水素女

謝端晉安侯官人也少喪父母無有親屬為鄰人所養至年十七八恭謹自守不履非法始出作居未有妻鄰人共愍念之規為娶婦未得端夜臥早起躬耕力作不捨晝夜後於邑下得一大螺如三升壺以為異物取以歸貯甕中畜之十數日端每早至野還見其戶中有飯飲湯火如有人為者端謂是鄉人為之惠也數日如此端便往謝鄰人鄰人皆曰吾初不為

是何見謝也端又以為鄰人不喻其意然數爾不止後更實問鄰人咲曰卿以自取婦密着室中炊爨而言吾為人炊耶端默然心疑不知其故後方以雞初鳴出去平旦潛歸於籬下竊窺其家見一少女從甕中出至竈下燃火端便入門徑造甕所視螺但見女仍在竈下問之曰新婦從何所來而相為炊女人惶惑欲還甕中不能得答曰我天漢中白衣素女也天帝哀卿少孤恭慎自守故使我權相為守舍炊烹十

年之中使鄉居富得婦自當還去而鄉無故竊相伺

掩吾形已見不宜復留當相委去雖爾後自當少差

勤於田作漁採治生留此殼去以貯米穀常可不乏

端請留終不肯時天忽風雨翕然而去端為立神座

時節祭祀居常饒足不致大富耳於是鄉人以女妻

端端後仕至令長云今道中素女是也

蔡女仙

蔡女仙者襄陽人也幼而巧慧善刺繡鄰里稱之忽

有老父詣其門請繡鳳眼畢功之日自當指點既而繡成五綵光煥老父觀之指視安眼俄而功畢雙鳳騰躍飛舞老父與仙女各乘一鳳昇天而去時降於襄陽南山林木之上時人名為鳳林山後於其地置鳳林關南山有鳳臺勑於其宅置靜真觀有女仙真像存焉云晉時人也

蓬球

貝丘西有玉女山傳云晉太始中北海蓬球字伯堅

入山伐木忽覺異香遂遡風尋至壯山廓然宮殿盤鬱樓臺博敞球入門窺之見五株玉樹復稍前有四婦人端妙絕世共彈棊於堂上見球俱驚起謂球曰遂君何故得來球曰尋香而至閒訖復還彈棊如故有一小者登樓彈琴戲曰元暉何為獨昇樓球於樹下立覺少饑乃以舌舐葉上垂露俄然有一女乘鶴而至迎謂曰玉華玉華汝等何故來此俗人王母即令王方平行諸仙室球懼而出門回顧忽然不見至

家乃是建興中真舊居閭舍皆爲墟矣

紫雲觀女道士

唐開元二十四年春二月駕在東京以李適之爲河南尹其日大風有女冠乘風而至玉真觀集于鐘樓人觀者如堵以聞于尹尹率畧人也怒其聚衆袒而笞之至十而乘風者既不哀祈亦無傷損顏色不變於是適之大駭方禮請奏聞勑召內殿訪其故乃蒲州紫雲觀女道士也辟穀久身輕因風遂飛至此玄

宗大加敬畏錫金帛送還蒲州數年後又因大風遂
飛去不返

秦時婦人

唐開元中代州都督以五臺多客僧恐妖偽事起非
有住持者悉逐之客僧懼逐多權竄山谷有法朗者
深入鴈門山幽深中有石洞容人出入朗多賫乾
糧欲住此山遂尋洞入數百步漸濶至平地涉流水
渡一岸日月甚明更行二里至草堂中有婦人並衣

草葉容色端嚴見僧懼愕問云汝乃何人僧曰我人也婦人咲云寧有人形骸如此僧曰我事佛、須犢落形骸故爾因問佛是何者僧具言之相顧咲曰語甚有理復問宗旨如何僧為講金剛經稱善數四僧因問此處是何世界婦人云我自秦人隨蒙恬築長城恬多使婦人我等不勝其弊逃竄至此初食草根得以不死比来亦不知年歲不復至人間遂留僧以草根哺之澀不可食僧住此四十餘日暫辭出人間

求食及至代州備糧更去則迷不知其所矣

何二娘

廣州有何二娘者以織鞋子為業年二十與母居素不修仙術忽謂母曰住此悶意欲行遊後一日便飛去上羅浮山寺山僧問其來由答云願事和尚自爾恒留居止初不飲食每為寺衆採山果充齋亦不知其所取羅浮山北是循州去南海四百里循州山寺有楊梅樹大數十圍何氏每採其實及齋而返後循

州山寺僧至羅浮山說云某月日有仙女来採楊梅驗之果是何氏所採之日也由此遠近知其得仙後乃不復居寺或旬月則一来耳唐開元中勑令黃門使往廣州求何氏得之與使俱入京中途黃門使悅其色意欲梚之而未言忽云中使有如此心不可留矣言畢踊身而去不知所之其後絕跡不至人間矣

玉女

唐開元中華山雲臺觀有婢玉女年四十五大疾徧

身潰爛臭穢觀中人懼其汚染即共送于山澗幽僻之處玉女痛楚呻吟忽有道士過前遥擲青草三四株其草如菜謂之曰勉食此不久當愈玉女即茹之自是疾漸痊不旬日復舊初忘食惟恣游覽但意中飄飄不喜人間及觀之前後左右亦不顧過此觀中人謂其消散久矣亦無復有訪之者玉女周旋山中酌泉水食木實而已後於巖下忽逢前道士謂曰汝疾既瘥不用更在人間雲臺觀西二里有石池汝可

日至辰時投以小石當有水芝之一本自出汝可掇之而食久〻當自有益玉女即依其教自後筋骸輕健翺翔自若雖屢為觀中人逢見亦不知為玉女耳如此數十年髮長六七尺體生綠毛面如白花往〻山中之人遇之則叩頭遥禮而已大曆中有書生班行達者性氣麁疎誹毀釋道為學於觀西序而玉女日日往來石池因以為常行達伺候窺覘又熟見投石採芝時節有准於一日稍先至池上及其玉女投小

石水芝果出行達乃搴取玉女遠在山巖或棲樹杪既見採去則呼嘆而還明日行達復如此積旬之外玉女稍〻與行達爭先步武相接欻然遽捉其髮而玉女騰去不得因以勇力挈其膚體仍加逼迫玉女號呼求赦誓死不從而氣力困憊終為行達所辱扃之一室翌日行達就觀乃見皤然一媼尫瘵異常趣步殊艱視聽甚昧行達驚異遽召觀中人細話其事即共伺問玉女玉女備述始終觀中人咸有聞知其

故者計其年蓋百有餘矣衆哀之因共放去不經月而殁

邊洞玄

唐開元末冀州棗彊縣女道士邊洞玄學道服餌四十年年八十四歲忽有老人持一器湯餅來詣洞玄曰吾是三山仙人以汝得道故來相取此湯餅是玉英之粉神仙所貴頃來得道者多服之爾但服無疑後七日必當羽化洞玄食畢老人曰吾今先行汝後

来也言訖不見後日洞玄忽覺身輕齒髮盡換謂弟子曰上清見召不久當往顧念汝等能不悵恨善修吾道無為樂人間事為土棺散瑰耳滿七日弟子等晨往問訊動止已見紫雲徧滿庭户又聞空中有數人語乃不敢入恐止門外須臾門開洞玄乃乘紫雲竦身空中立去地百餘尺與諸弟子及法侶等辭訣時刺史源復與官吏百姓等數萬人皆遥瞻禮有頃日出紫氣化為五色雲洞玄冉冉而上久之方滅

吳彩鸞

吳彩鸞猛女唐太和末有書生文簫寓鍾陵紫極宮一日于西山遇之真詞曰若能相伴陟仙壇應得文簫駕彩鸞自有綉襦并甲帳瓊臺不怕雪霜寒生意其神仙植足不去姝亦相盻歌罷獨秉燭穿大松逕將盡陟山捫石冒險而升生躡其蹤姝曰莫是文簫耶相引至絕頂坦然之地後忽風雨裂帷覆杌俄有仙童持天判曰吳綵鸞以私慾洩天機謫為民妻一

紀姝乃與生下山歸鍾陵蕭貧不能自給彩鸞寫孫愐唐韻運筆如飛日得一部鬻之獲金五緡盡則復寫如是僅十載稍爲人知遂潛往新興越王山二人各跨一虎陟峰巒而去

新鐫仙媛紀事第五

錢唐雉衡山人楊爾曾輯

玉卮娘子

唐開元天寶中有崔書生於東州邏谷口居好植名花暮春之中英蕊芬鬱遠聞百步書生每初晨必盥漱觀之忽有一女自西乘馬而來青衣老少數人隨後女有殊色所乘馬極駿崔生未及細視則已過矣明日又過崔生乃於花下先致酒茗樽杓鋪陳茵席

乃迎馬首拜曰某性好花木此園無非手植今正值香茂頗堪流眄女郎頻目而過計僕馭當疲敢具單醪以俟憩息女不顧而過其後青衣曰但具酒饌何憂不至女顧叱曰何故輕與人言崔生明日又先及鞭馬隨之到別墅之前又下馬拜請良久一老青衣謂女曰馬大疲暫歇無爽因自控馬至生花下老青衣謂崔生曰君既未婚予為媒妁可乎崔生大悅再拜跪請青衣曰事亦必定後十五六日大是吉辰君

於此時但具婚禮爾要并於此備酒肴令小娘子阿
姊在邏谷中有小疾故日往看省向某去後便當咨
啓期到皆至此矣於是俱行崔生在後即依言營備
吉日爾要至期女及姊皆到其姊儀質亦極麗送女
歸於崔生崔生母在故居殊不知崔生納室崔生以
不告而娶但啓以婢媵母見新婦之姿儀禮甚備經
月餘忽有人送食於女甘香殊異後崔生見母不悅
慈顏衰悴因伏問几下母曰有汝一子冀得求全今

汝所納新婦妖媚無雙吾於土塑圖畫之中未曾見
此必是狐魅之輩傷害於汝故致吾憂崔生入室見
女淚涕交下曰本侍箕箒望以終天不知尊夫人待
以狐魅輩明晨即別崔生亦揮涕不能言明日女車
騎復至女乘一馬崔生亦乘一馬從送之入邏谷三
十里山間有一川川中有異花珍果不可言紀館宇
屋室侈於王者青衣百許迎拜曰無行崔郎何必將
來於是捧入留崔生於門外未幾一青衣女傳姊言

曰崔郎遣行太夫人疑阻事宜便絕不合相見然小
妹曾奉周旋亦當暫進俄而召崔生入責誚再三詞
辯清婉崔生但拜伏受譴而已後遂坐於中寢對食
食訖命酒召女樂洽奏鏗鏘萬變樂闋其姊謂女曰
須令崔郎卻迴汝有何物贈送女遂袖中取白玉盒
子遺崔生生亦留別於是各嗚咽而出門至邏谷口
回望千巖萬壑無有逕路因慟哭歸家常持玉盒子
鬱鬱不樂忽有胡僧扣門求食曰君有至寶乞相示

也崔生曰其貧士何有是請僧曰君豈不有異人相
贈乎貧道望氣知之崔生試出玉盒子示僧僧起請
以百萬市之遂往崔生問僧曰女郎誰耶曰君所納
妻西王母第三女玉巵娘子也姊亦負美名於仙都
況復人間所惜君納之不得久遠若住得一年君舉
家不死矣

驪山姥

驪山姥不知何代人也李筌好神仙之道常歷名山

傳採方術至嵩山虎口巖石室中得黃帝陰符本編
素書緘之甚密題云大魏眞君二年七月七日道士
寇謙之藏之名山用傳同好以糜爛筌抄讀數千徧
竟不曉其義理因入秦至驪山下逢一老母鬢髻當
頂餘髮半垂弊衣扶杖神狀甚異路旁見遺火燒樹
因自言曰火生於木禍發必尅筌聞之驚前問曰此
黃帝陰符秘文母何得而言之母曰吾受此符已三
元六周甲子矣三元一周計一百八十年六周共計

一千八年少年從何而知筌稽首載拜具告得符之
所因請問玄義使筌正立向明視之曰受此符者當
須名列仙籍骨相應仙而後可以語至道之幽妙啓
玄關之鎖鑰耳不然者反受其咎也少年顴骨貫於
生門命輪齊於月角血脉未減心影不偏性賢而好
法神勇而樂智真吾弟子也然四十五歲當有大厄
因出丹書符一通貫於杖端令筌跪而吞之曰天地
相保於是命坐為說陰符之義曰陰符者上清所秘

玄臺所尊理國則太平理身則得道非獨機權制勝之用乃至道之要樞豈人間之常典耶昔雖有暴橫黃帝舉賢用能誅殭伐叛以佐神農之理三年百戰而功用未成齋心告天罪已請命九靈金母命蒙狐之使授以玉符然後能通天達誠感動天帝命玄女教其兵機賜帝九天六甲兵信之符此書乃行於世凡三百餘言一百言演道一百言演法一百言演術上有神仙抱一之道中有富國安民之法下有殭兵

戰勝之術皆出自天機合乎神智觀其精妙則黃庭內景不足以為玄寥其至要則經傳子史不足以為文較其巧智則孫吳韓白不足以為奇一名黃帝天機之書非奇人不可妄傳九竅四肢不具慳貪愚痴驕奢淫佚者必不可使聞之凡傳同好當齋而傳之有本者為師受書者為弟子不得以富貴為重貧賤為輕違之者奪紀二十每年七月七日寫一本藏名山石巖中得加筭本命日誦七徧益心機加年壽出

三尸下九蟲秘而重之當傳同好耳此書至人學之得其道賢人學之得其法凡人學之得其殃職分不同也經言君子得之固躬小人得之輕命蓋泄天機也泄天機者沉三劫得不戒哉言訖謂筌曰日巳晡矣吾有麥飯相與為食袖中出乙瓢令筌於谷中取水既滿瓢忽重百餘斤力不能制而沉泉中却至樹下失姥所在惟於石上留麥飯數升筌悵望至夕不復見姥乃食麥飯自此不食因絕粒求道注陰符述

二十四機著太白陰經述中台志閫外春秋以行於世仕為荊南節度副使仙州刺史

花姑

花姑者女道士黃靈徽也年八十歲有少容貌如嬰孺道行高潔世人號為花姑躡履行奔馬莫及不知何許人也自唐初來往江浙湘嶺間名山靈洞無所不造經涉之處或宿於林野即有神靈衛之人或有不正之念欲凌侮者立致顛沛遠近畏而敬之奉事

之若神明焉聞南嶽魏夫人乎昔渡江修道有壇靖在臨川郡臨女水西石井上有仙壇遂訪求之歲月且久榛蕪淪翳時人莫得知之唐則天長壽二年壬辰冬十月詣洪州西山謁道士胡惠超而問焉超字拔俗能通神明即為指南郭六里許有烏龜原古有石龜每祀田苗被人擊其首折則其處也姑訪之見龜之左右壇迹宛然立處當壇中於其下得天尊像油甕鐵刀燈盞之類因葺而興之後夢夫人指九曲

池於壇南訪而獲之塼砌尚在景雲中睿宗使道士
葉善信將繡像幡花來修法事仍於壇西建洞靈觀
度女道士七人住持洎玄宗醮祭祈禱不絕每有風
雨或聞簫管之聲凡是禮謁必須嚴潔不爾有蛇虎
驚吼之異時有雲物如烏羣飛垂帶直下壇上倏忽
西出如向并山前後洲一而已花姑聲響靈通密有
爾音曰并山古迹汝須崇修俄聞異香從西來姑累
得嘉兆躬身葺構行宿洞口聞鐘磬之音須荒榛多

時若有人接迹寓宿林莽悄然甚安達明入山果遇壇殿餘址遂立屋宇闡步虛仙梵之音環壇數里有樵採不精潔者必有怪異之驚有野象中箭來託仙姑姑為除之其後每齋前斷蓮藕以獻姑玄宗開元九年辛酉歲姑欲昇化謂其弟子曰吾仙程所促不可久住吾身化之後勿釘棺只以絳紗冪覆棺上而已明日無疾而終肌膚香潔形氣溫暖異香滿于庭堂之內弟子依所命棺不釘以絳紗覆之忽聞雷震

聲紗上有孔大如鷄子棺中唯有衣覆木簡屋上穿處可通人座中奠瓜數日生蔓結實如桃者二焉每至忌日即風雲鬱勃直入室內玄宗聞而駭之使覆其事明日使道士蔡偉編入後仙傳開元二十八年庚辰三月乙酉勅道士齋龍璧來醮忽有白鹿自壇東出至姑冢間而滅即花姑葬木簡之處又有五色仙蛾集于壇上刺史張景佚以為聖德所感立碑頌迹天寶八年己丑魏夫人上昇之所度女道士二人

常修香火代宗大曆三年戊申魯郡開國公顏真卿爲撫州刺史見舊跡荒廢闕人住持名仙靈觀道士黄道進二七人住洞靈觀又以高行女道士黎瓊仙七人居仙壇院顏公述仙壇碑而自書以紀其事迹焉

焦靜真

唐女真焦靜真因精思間有人道至方丈山遇二女仙謂曰子欲爲真君可謁東華青童道君受三皇法

請名氏則司馬承禎也歸而請承禎求度未幾昇天嘗降謂薛季昌曰先生得道高于陶都水之任當爲東華上清真人

王法進

王法進劒州臨津縣人也幼孺之時自然好道家近古觀雖無道士居之其嬉戲未嘗輕侮其尊像見必歛手致敬焉至十餘歲有女冠自劒州歷外邑過其家父母以其慕道託女冠以保護之與受正一延生

錄因名曰法進而專勤香火護持齋戒亦茹栢絶粒時有感降是歲三川饑饉斛㪷翔貴死者十有五六多採山芋野葛充饑忽有二青童降于其庭宣上帝之命曰以汝宿稟仙骨歸心精誠不忘於道令以青童召汝受事於玉京也法進即隨青童騰身凌虛徑達天帝之所帝命以玉杯霞漿賜之飲訖帝謂之曰人稟三才之大體天地之和氣得為人形復生中土甚不易也而天還四時之氣地稟五行之秀生五穀

百菓以養人而人不體天地養育之恩輕棄五穀獻捨絲麻使耕農之夫紡績之婦身勤而不得飽力竭而不免寒徒施其勞曾不愛惜斯固神明所責天地不祐也近者地司嶽瀆各有奏言人獻賤五穀不貴衣食之本已敕太華之府收五穀之神令所種不成下民饑餓因示責罰以懲其心世愚悠悠曾未覺悟茲奉太上所勑以大道好生不可因彼愚民以害衆善雖天地神明罪之愚民亦不知過之所因起無懺

請首原之路虛受其苦爾汝當為無上侍童入侍天府今聞令汝下世告諭下民使其悔罪寶愛桑蠶貴敬農事惜五穀百菓知大道之養人厚地之育物宗奉正道崇事神明至於水火之用不可猒棄衣食之養儉已約身皆脩行此明戒天地愛之神明護之風雨順調家國安泰此乃增益汝之陰功也即命侍女披琅笈珠韞出靈寶清齋醮謝天地法一卷付之俾傳行于世曰世人可相率於清靜之處置齋悔謝一

年之內春秋再為春則祈于年豐秋則謝于道力如
此則宿業可除穀父蠶母之神為致豐稔也龍虎之
年復當召汝矣命青童送還其家已三箇月也所授
之書即今靈寶清齋告謝天地之法是也其法簡易
與靈寶自然齋大都相類但人間行之立成徵效爲
或凡席器物小有輕慢觸汙者營奉之人有不公心
者即飄風驟雨壞其壇筵迅霆疾雷毀其器用自是
三川梁漢之人歲皆崇事雖愚朴之士狂暴之夫罔

不戰慄兢戒致恭肇跽知奉其法焉又螟蝗旱潦害稼傷農之處有率衆誠勉於修奉炷香告天旦夕響應必臻其祐與不處不信之徒立可見其徵驗矣巴南謂之清齋蜀土謂之天功齋蓋一揆也法進以唐玄宗天寶十一年壬辰歲雲鶴迎之而昇天此乃亦符龍虎之神人之言矣

費妙行

費妙行唐孫天師智諒之妻也玄宗天寶七年天師

奏乞置觀度女道士七人立堂祠之五代亂觀遂廢宋初復興始命男道士居焉遂立天師像并妙行並祠于觀令額真福屬隆興府奉新縣

王女

王保義爲荆南高從誨行軍司馬生女不食葷血五歲能誦黃庭及長夢渡水登山見金銀宮闕云是方丈山女仙數十人中一人曰麻姑相結姊妹授以琵琶數曲自是數夜一遇歲餘得百餘曲其尤者有獨

指商以一指彈一曲後夢麻姑曰即當相邀明日庭中有雲鶴音樂女奄然而化去

楊正見

楊正見者眉州通義縣民楊寵女也幼而聰悟仁憫雅尚清虛既笄父母娉同郡王生王亦鉅富好賓客一旦舅姑會親故市魚使正見為膾賓客博戲於廳中日昃而盤食未備正見憐魚之生盆中戲弄之竟不忍殺既晡矣舅姑促責食遲正見懼竄於隣里但

行野徑中已數十里不覺疲倦見夾道花木異於人世至一山舍有女冠在焉具以其由白之女冠曰子有慈人好生之心可以教也因留止焉山舍在蒲江縣主簿化側其居無水常使正見汲澗泉女冠素不食爲正見故時出山外求粮以贍之如此數年正見恭慎勤恪執弟子之禮未嘗虧怠忽于汲泉之所有一小兒潔白可愛纔及年餘見人喜且笑正見抱而撫怜之以爲常矣由此汲水歸遲者數四女冠疑怪

而問之正見以事白女冠曰若復見必抱兒徑來吾欲一見耳自是月餘正見汲泉此兒復出因抱之而歸漸近家兒已殭矣視之有如草樹之根重數斤女冠見而識之乃茯苓也命潔甑以蒸之會山中糧盡女冠出山求糧乃給正見食柴三小束諭之曰甑中之物但盡此三束柴止火可也勿輒視之女冠出期一夕而回此夕大風雨山水溢道阻十日不歸正見食盡飢甚聞甑中物香竊食之數日俱盡女冠方歸

聞之歎曰神仙固當有定分向不遇而求壞道汝豈得盡食靈藥乎吾師常云此山有人形茯苓得食之者白日昇天吾伺之二十年矣汝今遇而食之真得道者也自此正見容狀益異光彩射人長有衆仙降其室與之論真宮天府之事歲餘白日昇天即開元二十一年壬申十一月三日也常謂其師曰得食靈藥即目便合登仙所以遲迴者幼年之時見父母揀税錢輸官有明淨圓好者竊藏二錢翫之以此爲隱

蔵官錢過罰居人間更一年耳其升天處即今邛州蒲江縣主簿廨也有汲水之處存焉昔廣漢主簿王興上昇於此

董上仙

董上仙遂州方義女也年十七神姿艶冶寡於飲膳好靜守和不離於世鄉里以其容德皆謂之上仙之人故號曰上仙忽一旦紫雲垂布昇天樂下於其庭青童子二人引之昇天父母素愚號哭呼之不已去

地數十丈復下還家紫雲青童旋不復見居數月又昇天如初父母又號泣良久復下唐開元中天子好尚神仙聞其事詔使徵入長安月餘乞還鄉里許之中使送還家百餘日復昇天父母又哭之乃蛻其皮於地而飛去皮如其形衣結不解若蟬蛻耳遂漆而留之詔置上仙唐興兩觀於其居處今在州北十餘里濬江之濵焉

張連翹

黃梅縣女道士張連翹者年八九歲常持瓶汲水忽見井中有蓮花如小盤漸漸出井口往取便縮不取又出如是數四遂入井家人怪久不回往視見連翹立井水上及出忽得笑疾問其故云有人自後以手觸其腋痒不可忍父母以為鬼魅所加中夜潛移之舅族方不笑頃之又還其家云飢求食日食數斗米飯雖夜置葅肴於臥所覺即食之如是六七日乃聞食臭自爾不復食歲時或進三四顆棗父母因命出

家為道士年十八晝日於觀中獨坐見天上墮兩錢連翹起就拾之隣家婦人乃推籬倒亦爭拾連翹以身據錢上又與黃蘗三丸遽起取之婦人擘手奪一丸去因吞二丸俄而卒死連翹頃之醒便覺力彊神清倍於常日其婦人吞一丸經日方蘇飲食如故天寶末連翹在觀忽悲思父母如有所適之意百姓邑宮皆見五色雲擁一寶輿自天而下人謂連翹已去爭来看視連翹初無所覺雲亦消散論者云人衆故

不去連翹至今猶在兩脇相合形體枯悴而無所食
矣

酒家美婦

張鎬南陽人也少為業勤苦隱王房山未嘗釋卷山
下有酒家鎬執卷詣之飲二三盃而歸一日見美婦
人在酒家揖之與語命以同飲欣然無拒色詞旨明
辨容狀佳麗既晚告去鎬深念之逼夕不寐未明復
往伺之已在酒家矣復名與飲徵詞調之婦人曰君

非常人願有所托能終身即所願也鎬許諾與之歸山居一年而鎬勤於讀與意漸疎薄時或忿恚婦人曰君情若此我不可久住但得鯉魚脂一斗合藥即去矣鎬未測所用力求以授之婦以鯉魚脂投井中身亦隨下須臾一鯉自井躍出凌空欲去謂鎬曰吾比待子立功立事同昇太清今既如斯固子之薄福也他日守位不終悔亦何及鎬拜謝悔過於是乘魚昇天而去鎬後出山歷官位至宰輔為河南都統常

心念不終之言每日啓責後貶辰州司户復徵用薨時年方六十每話於賓友終身爲恨矣

太陰夫人

盧杞少時窮居東都於廢宅内賃居鄰有麻氏嫗孤獨杞遇暴疾臥月餘麻婆來作羹粥疾愈後晚從外歸見金犢車子在麻婆門外盧公驚異窺之見一女年十四五真神人明日潛訪麻婆麻婆曰莫要作婚姻否試與商量杞曰某貧賤焉敢輒有此意麻曰亦

何妨既夜麻婆曰事諧矣請齋三日會於城東麗觀既至見古木荒草久無人居逡廻雷電風雨暴起化出樓臺金殿玉帳景物華麗有輜軿降空即前時女子也與杞相見曰某即天人奉上帝命遣人間自求匹偶耳君有仙相故遣麻婆傳意更七日清齋當再奉見女子呼麻婆付兩丸藥須臾雷電黑雲女子已不見古木荒草如舊麻婆與杞既清齋七日斸地種藥纔種已蔓生未頃刻二葫蘆生於蔓上漸大如兩

斛甕麻婆以刀割其中麻婆與杞各處其一仍令具油衣三領風雷忽起騰上碧霄滿耳只聞波濤之聲久之甚寒令着油衫如在冰雪中復令着至三重甚暖麻婆曰去洛已八萬里長久葫蘆止息遂見宮闕樓臺皆以水晶為牆垣披甲仗戈者數百人麻婆引杞入見紫殿從女百人令杞坐具酒饌麻婆屏立於諸衛下女子謂杞君合得三事任取一事常留此宮壽與天畢次為地仙常居人間時得至此下為中國

宰相杞曰在此處實爲上願女子喜曰此水晶宮也某爲太陰夫人仙格已高足下便是白日昇天然須定不得改移以致相累也乃賫青紙爲表當庭拜奏曰須啟上帝少頃聞東北閒聲云上帝使至太陰夫人與諸仙趨降俄有幢節香幡引朱衣少年立階下朱衣宣帝命曰盧杞得太陰夫人狀云欲住水晶宮如何杞無言夫人但令疾應又無言夫人及左右大懼馳入取鮫綃五匹以賂使者欲其稽緩食頃閒又

閻盧杞欲水晶宮住作地仙及人間宰相此度須快
應杞大呼曰人間宰相朱衣趨去太陰夫人失色曰
此麻婆之過速領回推入葫蘆又聞風水之聲却至
故居塵榻宛然時已夜半葫蘆與麻婆並不見矣

姚氏三子

唐御史姚生罷官居于蒲之左邑有子一人外甥二
人各一姓皆及壯而頑駑不肖姚之子稍長於二生
姚惜其不學日以誨責而怠遊不悛遂於中條山之

陽結茅以居之冀絕外事得專藝學林巒重深囂塵不到將遣之日姚誡之曰每季一試汝之所能學有不進必覆楚及汝汝其勉焉及到山中二子曾不開卷但撲斷塗壁為務居數月其長謂二人曰試期至矣汝曾都不省書吾為汝懼二子曾不介意其長攻書甚勤忽一夕子夜臨燭凭几披書之次覺所衣之裘後裾為物所牽襟領漸下亦不之異徐引而襲焉俄而復爾如是數四遂迴視之見一小豚藉裘而伏

色甚潔白光潤如玉因以疊書界方擊之豚聲駭而走遽呼二子秉燭索于堂中牖户甚密周視無隙而莫知豚所往明日有蒼頭騎馬扣門擔簦而入謂三人曰夫人問訊昨夜小兒無知誤入君衣裾殊以為慙然君擊之過傷令則平矣君勿為慮三人俱遜詞謝之相視莫測其故少頃向來騎僮復至兼抱持所傷之兒并乳褓數人衣襦皆綺紈精麗非尋常所見復傳夫人語云小兒無恙故以相示逼而觀之自眉

至鼻端如丹縷馬則界方稜所擊之迹也三子愈恐
使者及乳褓皆甘言慰安之又云少頃夫人自來言
訖而去三子悉欲潛去避之惶惑未決有蒼頭及紫
衣宮監數十奔波而至前施屏幃茵席炳煥香氣殊
異旋見一曲塵車青牛丹轂其疾如風寶馬數百前
後導從及門下車則夫人也三子趨出拜夫人微笑
曰不意小兒至此君昨所傷亦不至甚恐為君憂故
來相慰耳夫人年可三十餘風姿閑整俯仰如神亦

不知何人也問三子曰有家室未三子皆以未對曰吾有三女殊姿淑德可以配三君子三子拜謝夫人因留不去為三子各創一院指顧之間畫堂高閣連雲而具翌日有輜軿至馬賓從繁麗逾於戚里車服炫晃流光照地香滿山谷三女自車而下皆年十七八夫人引三女昇堂又延三子就座酒肴珍備果實豐衍非常世所有多未之識三子殊不自意夫人指三女曰各以配君三子避席拜謝復有送女數十人

神仙焉是夕合巹夫人謂三子曰人之所重者生也所欲者貴也但百日不泄於人令君長生度世位極人臣三子復拜謝但以愚昧扞格為憂夫人曰君勿憂斯易耳乃敕地上主者令名孔宣父須臾孔子具冠劍而至夫人臨階宣父拜謁甚恭夫人端立徽勞問之謂曰吾三壻欲學君其引之宣父乃命三子指六籍篇目以示之莫不了然解悟大義悉通咸若素習既而宣父謝去夫人又命周尚父示以玄女兵符

玉瑭秘訣三子又得之無遺復坐與言則皆文武全才學究天人之際矣三子相視自覺風度夷曠神思開爽悉將相之具其後姚使家僮饋粮至則大駭而走姚問其故具對以屋宇帷帳之盛人物艷麗之多姚驚謂所親曰是必山鬼所魅也促召三子三子將行夫人戒之曰慎勿泄露縱加楚撻亦勿言之三子至姚亦訝其神氣秀發占對閑雅姚曰三子驟爾皆有鬼物憑焉若問其故不言遂鞭之數十不勝其痛

具道本末姚乃幽之別所姚素館一碩儒因合而與
語儒者驚曰大異大異君何用責三子乎向使三子
不泄其事則必為公相貴極人臣今泄之其命也夫
姚問其故儒者云吾見織女婺女須女星皆無光是
三女星降下人間將福三子今泄天機三子免禍幸
矣其夜儒者引姚視三星果無光姚乃釋三子遣之
歸山至則三女邈然如不相識夫人讓之曰子不用
吾言既泄天機當與子訣因以湯飲三子既飲其湯

則脅頑如舊一無所知儒謂姚曰三女是猶在人間亦不遠此地今密謂所親言其處或云河東張嘉真家其後將相三代矣

青童君

天水趙旭少孤介好學有姿貌善清言習黃老之道家于廣陵獨葺幽居唯一奴侍側嘗夢一女子衣青衣挑笑牖間及覺而異之因祝曰是何靈異願覿仙姿幸賜神契夜半忽聞窗外切切笑聲旭知其神復

祝之乃言曰吾上界仙女也聞君累德清素幸因寤寐願托清風旭驚喜整衣而起曰襄王巫山之夢洞簫秦女之契乃今知之靈鑒忽臨忻歎交集乃點燈拂席以延之忽有清香滿室有一女年可十四五容範曠代衣六銖霧綃之衣躡五色連文之履開簾而入旭載拜女笑曰吾天上青童久居清禁幽懷阻曠位居末品時有世念帝罰我人間隨所感配以君氣質虛爽體洞玄默幸託清音願諧神韻旭曰蜉蝣之

質假息刻踰不意高真俯垂濟度豈敢妄興俗懷女乃笑曰君宿世有道骨法應仙然名已在金格當相與吹洞簫於紅樓之上撫雲璈于碧落之中乃延坐話玉皇內景之事夜一鼓令施寢具旭貧無可施女笑曰無煩僊郎乃命備寢內須臾霧暗食頃方收其室中施設珍奇非所知也遂携手入內其瓌姿豔越希世罕傳夜深忽聞外一女呼青夫人旭驟以問之答曰同宮女子相尋爾且勿應乃扣柱歌曰月露飄

飈星漢斜獨行窈窕浮雲車仙郎獨邀青童君結情羅帳連心花歌甚長旭唯記兩韻謂青童君曰可延入否答曰此女多言慮洩吾事於上界耳旭曰設琴瑟者由人調之何患乎乃起迎之見一神女在空中去地丈餘許侍女六七人建九明蟠龍之蓋戴金精舞鳳之冠長裾曳風璀璨心目旭再拜邀之乃下曰吾嫦娥女也聞君與青君集會故捕逃耳便入室青君笑曰卿何已知吾處也答曰佳期不相告誰過耶

相與笑樂旭喜悅不知所裁既同歡洽將曉侍女進曰鷄鳴矣巡人察之女曰命車各曰備矣約以後期各曰慎勿言之世人吾不相棄也及出户有五雲車二乘浮於空中遂各登車訣別靈風颯然凌空而上極目乃滅旭不自意如此喜悅交甚但灑掃焚名香絕人事以待之隔數夕復來來時皆先有清風肅然異香從之其所從仙女益多歡娛日洽為旭致行廚珍膳皆不可識甘美殊常每一食經旬不饑但覺體

氣沖爽旭因求長生久視之道密受隱訣其大抵如抱朴子內篇修行旭亦精誠感通又為旭致天樂有仙妓飛奏簷楹而不下謂旭曰君未列仙品不合正御故不下也其樂唯笙簫琴瑟略同人間其餘並不能識聲韻清鏘奏訖而雲霧霏然已不見矣又為旭致珍寶奇麗之物乃曰此物不合令世人見吾以卿宿世當仙得睹所欲然仙道密妙與世殊途君若泄之吾不得來也旭言誓重疊後歲餘旭奴盜琉璃珠

鬻於市適值胡人捧而禮之酧價百萬奴驚不從胡人逼之而相擊官勘之奴悉陳狀旭都未知其夜女愴然憮容曰君奴洩吾事嘗遊矣旭方知失奴而悲不自勝女曰甚知君心然事亦不合長與君往來運數然耳自此訣別努力修持當速相見也其大要以心死可以身生保精可以致神遂留仙樞龍席隱訣五篇內多隱語亦指驗於旭旭洞曉之將旦而去旭悲哽執手女曰悲自何來旭曰在心所章耳女曰身

為心牽鬼道至矣言訖竦身而上忽不見室中簾帷器具悉無矣旭恍然自失其後寤寐間彷彿猶尚往来旭大曆初猶在淮泗或有人於益州見之短小美容範多在市肆商貨故時人莫得辨也仙樞五篇後有旭紀事詞甚詳悉

虞卿女子

唐貞元初虞卿里人女年十餘歲臨井治魚魚躍墮井逐之亦墮其內有老父樓抱入旁空百十步見堂

守甚妍潔明敞老姥居中坐左右極多父曰汝可拜呼阿姑留連數日珍食甘果都不欲歸姥曰翁母憶汝不可留也老父捧至井上贈金錢二枚父母一見驚徃接之女乃瞑目拳手疾呼索二盤及至纔醒令以灰洗乃瀉錢合於一盤遂復舊自此不食唯飲湯茶數日纔居處臭穢請就觀中修行歲餘有過客避暑於院門內而熟寐忽夢金甲朱戈者叱曰仙官在此安敢衝突驚覺流汗而走後不知所之

蕭氏乳母

蕭氏乳母自言初生遭荒亂父母度其必不食遂將往南山盛於被中棄於石上而還人迹罕及餓有遇雞者數人見而憐之相率將歸土龕下以泉水浸松葉點其口數日益康強歲餘能言不復食餘物但食松栢耳目鼻拂〻有毛出至五六歲覺身輕騰空可及丈餘有小異兒或三或五引與遊戲不知所從附腋間亦漸出綠毛近尺餘身稍能飛與異兒羣遊海

仙媛五卷

上至王母宮聽天樂食靈果然每月一到所養翁母家或以名花雜藥獻之後十年賊平本父母来山中将求其餘骨葬之見其所養者具言始末涕泣累夕伺之期得一見頃之遂至坐簷上不肯下父望之悲泣所養者謂曰此是汝真父母何不一下来看也掉頭不顧飛空而去父母回及家憶之不已乃買果栗揭糧復往以俟其来數日又至遣所養姥招之遂自空際而下父母走前抱之號泣良久喻以歸還曰某

在此甚樂不顧歸也父母以所持果飼之逡巡異兒等十數至息於簷樹呼曰同遊去天宮正作樂乃出將舊身復墮於地諸兒齊聲曰食俗物矣苦哉遂散父母挈之以歸嫁為人妻生子二人又屬飢儉乃為乳母

何仙姑

何仙姑零陵市道女也姑十三歲隨女伴入山採茶俄失伴侶獨行迷歸路見東峰山下一人修髯紺目

冠高冠衣六銖衣即洞賓也仙姑亟拜之洞賓出一桃曰汝年幼必好果物食此盡他日當飛昇不然止居地中也仙姑僅能食其半鬚者指以帰路仙姑帰時自謂止一日不知已逾月矣自是不飢不渴洞知人事休咎後尸解去洞賓嘗謂仙姑曰吾嘗遊華陰市中賣藥以靈丹一粒置他藥萬粒中有求醫者探手取而得之可長生矣如是者數日但見他藥萬粒探取入手而此丹入手即墜因嘆世間仙骨難遇者

如此

盧眉娘

唐永貞年南海貢奇女盧眉娘年十四歲眉娘生眉如線且長故有是名本北祖帝師之裔自大定中流落嶺表後漢盧景裕景祚景宜景融兄弟四人皆為皇王之師因號帝師也眉娘幼而慧悟工巧無比能于一尺絹上繡法華經七卷字之大小不逾粟粒而點畫分明細如毛髮其品題章句無不具矣更善作

飛仙蓋以絲一鉤分為三段染成五色結為金蓋五重其中有十州三島天人玉女臺殿麟鳳之儀而執幢捧節童子亦不啻千數其蓋闊一丈秤無三兩煎靈香膏傅之則堅硬不斷唐順宗皇帝嘉其工謂之神姑因令止于宮中每日止飲酒二三合至元和中憲宗嘉其聰慧而又奇巧遂賜金鳳環以束其腕眉娘不願在禁中遂度為道士放歸南海仍賜號曰逍遥及後神還香氣滿堂弟子將葬舉棺覺輕即撤其

蓋惟見雙舊履而已後人往往見眉娘乘紫雲遊於海上羅浮處士李象先作羅逍遥傳而象先之名無聞故不為時人傳焉

新鐫仙媛紀事第六

錢唐雉衡山人楊爾曾輯

謝自然

謝自然者其先兗州人父寰居果州南充舉孝廉鄉里器重建中初刺史李端以試秘書省校書寰為從事母胥氏亦邑中右族自然性頴異不食葷血年七歲母令隨尼越惠經年以疾歸又令隨尼慧朗十月求還常所言多道家事詞氣高異其家在大方山下

頂有古像老君自然圓拜禮不顧卻下毋從之乃從居山頂自此常誦道德經黃庭內篇年十四其年九月因食新稻米飯云盡是蛆蟲自此絕粒數取皂莢煎湯服之即吐痢因劇腹中諸蟲悉出體輕目明其蟲大小赤白狀類頗多自此猶食栢葉日進一枝七年之後栢亦不食九年之外仍不飲水貞元三年三月於開元觀詣絕粒道士程太虛受五千文紫靈寶籙七月十一日上仙杜使降石壇上以符三道丸如

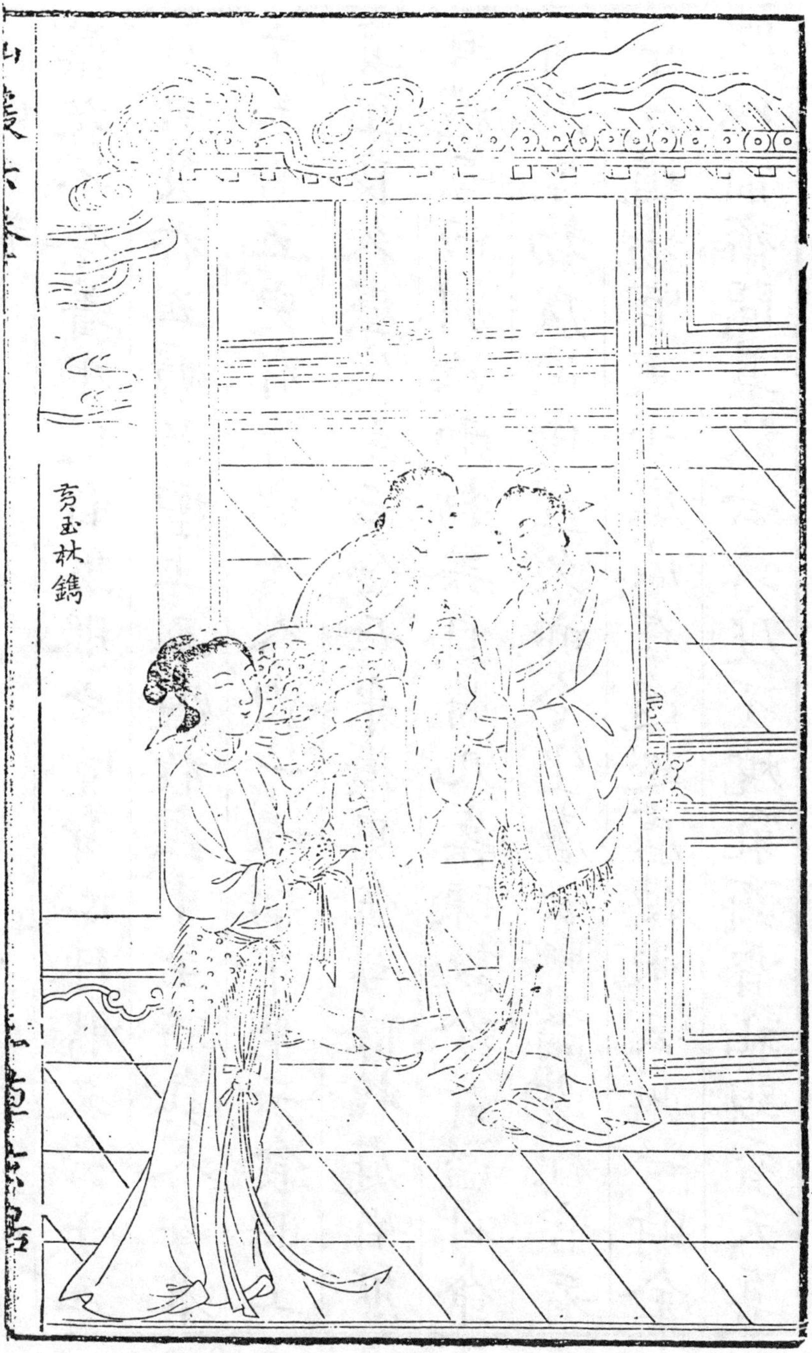
黄玉林鐫

藥丸不令著水使自然服之覺身心殊勝又云十五日可焚香五爐於壇上五爐於室中至時真人每來十五日五更有青衣七人內一人稱中華云食時上真至良久盧使至云金母來須臾金母降於庭自然拜禮母曰別後兩劫矣自將几案陳設珍奇溢目命自然坐初盧使侍立久亦令坐盧云暫詣紫極宮看中元道場官吏士庶咸在逡巡盧使來云此一時全勝以前齋閤真故云此度不燒乳頭香乳頭香天真

惡之唯可燒和香耳七日崔張二使至問自然能就長林居否答云不能二使色似不悅二十二日午前金母復降云更一來則不來矣為不肯居長林被貶一階長林儷宮也又指房側一仙云此即汝同類也戌時金母去崔使方云上界最尊金母賜藥一器色黃白味甘自然餌不盡又將樋六爤令食食三爤却將去又將衣一副朱碧綠色相間外素內有文其衣縹緲執之不着手且却將去已後即取汝來又將樋

一枝纏於臂上有三十稜碧色大如梡云此猶是小
者是日金母乘鸞侍者悉乘龍及騏驎鸞鶴每翅各
大丈餘五色雲霧浮泛其下金母云便向州中過羣
仙後去望之皆在雲中其日州中馬坊廚戟門皆報
云長虹入州二十五日濁身毛髮孔中出血沾漬衣
裳皆作通陂山水橫紋就溪洗濯轉更分明向日看
似金色手觸之如金聲二十六日二十七日東嶽夫
人併来勸令沐浴兼用香湯不得令有乳頭香又云

天上自有神非鬼神之神上界無削髮之人若得道
後巻皆戴冠功德則一凡齋食切忌嘗之尤宜潔淨
器皿亦爾上天諸神每齋即降而視之深惡不精潔
不唯無福亦當獲罪六年四月刺史韓偕至郡疑其
妄延入州北堂東閤閉之累月方率長幼開鑰出之
膚體宛然聲氣朗暢偕即使女自明師事焉先是父
家姦遊多年及歸見自然修道不食以為妖妄曰我
家世儒風五常之外非先王之法何得有此妖惑因

鎖閉堂中四十餘日益加爽秀衆方驚駭馬七年九
月韓佾與於大方山置壇請程太虛具三洞籙十一
月徙自然居於州郭貞元九年刺史李堅至自然告
云居城郭非便願依泉石堅即築室于金泉山移自
然居之山有石嵌竇水灌其口中可澡飾形神擇所
氣澤自然初駐山有一人年可四十自稱頭陀衣服
形貌不類緇流云速訪真人合門皆拒之云此無真
人頭陀但笑耳舉家拜之獨不受自然拜施錢二百

竟亦不受乃施手中一條受之云後會日當以此相示須臾出門不知所在久之當午有一大蛇圍三尺長丈餘有兩小白角以頭枕房門吐氣滿室須臾雲霧四合及霧散蛇亦不見自然所居室唯容一牀四邊纔通人行白蛇去後常有十餘小蛇或大如臂或大如股旦夕在牀左右或黑或白或吐氣或有聲各各盤結不相毒螫又有兩虎出入必從人至則隱伏不見家犬吠虎凡八年自遷居郭中犬留方山上昇

之後夫不知所在自然之室父母亦不敢同坐其牀
或輒詣其中必有變異自是呼為仙女之室常晝夜
獨居深山窮谷無所畏怖亦云誤踏蛇背其冷如氷
虎在後異常腥臭八月九日十日十一日羣仙日來
傳金母勑遠令披髮四十日金母當自来所降使或
言姓崔名熒將一板濶二尺長五尺其上有九色每
羣仙欲至則墻壁間熒煌似鏡羣仙亦各有几案隨
從自然每披髮則黃雲繚繞其身又有天使八人黃

衣戴冠二童子青衣侍于左右又二天神衛其門屛
如今壁畫諸神手執鎗鉅每行止則諸使及神驅斥
侍衛又云某山神姓陳名壽魏晉時人弁說真人位
高仙人位畢言已將授東極真人之任貞元十年三
月三日移入金泉道場其日雲物明媚異於常景自
然云此日天真羣仙皆會金泉林中長有鹿来嘗避
人士女雖衆亦馴擾朗日上仙送白騾一具纓以寶
鈿上仙曰以此遺之其地可安居也李堅常與夫人

于几上誦經先讀外篇次讀內篇內則魏夫人傳中
本也大都精思講讀者得福麄行者招罪立驗自然
絕粒凡一十三年晝夜不寐兩膝上忽有印形小於
人間官印四擩著有古篆六合分毫無差又有神力
自行二千里或至千里人莫知之冥夜深室纖微無
不洞鑒又不衣綿纊寒不近火暑不搖扇人問吉凶
善惡無不知者性嚴重深容事不出口雖父母亦不
得知以李堅崇尚至道稍稍言及云天上亦欲遣世

間奉道人知之俾其尊明道教又言凡禮尊像四拜
為重三拜為輕又居金泉道場每靜坐則羣鹿必至
又云凡人能清淨一室焚香諷黃庭道德經或一遍
或七遍全勝布施修齋凡誦經在精心不在遍數多
事之人中路而退所損尤多不如元不會者慎之慎
之人命至重多殺人則損年夭壽來往之報永無休
止矣又每行常聞天樂皆先唱步虛詞多止三首第
一篇五篇第八篇步虛訖即奏樂先撫雲璈形圓似

鏡有絃凡傳道法必須至信之人魏夫人傳中切約不許傳教但令秘密亦恐棄於折中夫藥力只可益壽若昇天駕景全在修道服藥修道事頗不同服栢便可絶粒若山谷艱求側栢只尋常栢葉但不近丘墓便可服之石上者尤好曝乾者難將息旋採旋食尚有津潤易清益人大都栢葉茯苓枸杞胡麻俱餌長年久視可試驗修道要在山林靜居不宜俯近村柵若城郭不可居以其葷腥靈仙不降與道背矣煉

藥飲水宜用泉水充惡井水仍須遠家及盂廚廁
恩情怨起即非修持之行凡食米體重食麥體輕辟
穀入山須依衆方除三蟲伏尸凡服氣先調氣次閉
氣出入不由口鼻令滿身自由則生死不能侵是年
九月霖雨甚自然自金泉徑南山省程君凌晨到山
衣屨不濕詰之云旦離金泉耳程君甚異之十一月
九日詣州與李堅別云中旬的去矣亦不更入靜室
二十日辰時於金泉道場白日昇天士女數千人咸

共瞻御祖母周氏母喬氏姊自柔弟子季生問其訣
別之語曰勤修至道須臾五色雲遮亘一川天樂異
香散漫彌久所着衣冠簪帔一十事脫留小繩牀上
結繫如舊道場中常有二虎五麒麟兩青鸞或前或
后或飛或走刺史李堅表聞詔褒美之李堅述金泉
道場碑立本末為傳云天上有白玉堂老君居之殿
壁上高列真仙之名如人間壁記時有朱書注其下
云降世為帝王或為宰輔者又自然當昇天時有堂

內東壁上書記五十二字云寄語主人及諸眷屬但當全身莫生悲苦自可勤修功德併諸善心修立福田清齋念道百刧之後冀有善緣早會清原之鄉即與相見其書迹存焉

崔少玄

崔少玄者唐汾州刺史崔恭之小女也其母夢神人衣綃衣駕紅雲龍持紫函受於碧雲之際乃孕十四月而生少玄既生而異香襲人端麗殊絕紺髮覆目

耳璫及顚右手有文曰盧自列妻後十八年歸于盧陲陲小字自列歲餘陲後事閩中道過建溪遠望武夷山忽見碧雲自東峰來中有神人翠冠緋裳告陲曰玉華君來乎陲怪其言曰誰為玉華君曰君妻即玉華君也因是反造之妻曰扶桑夫人紫霄元君果來迎我事已明矣難復隱諱遂斂衣出見神人對語久之然夫人之音陲莫能辨逡巡揖而退陲拜而問之曰少玄雖胎育之人非陰隲所積昔居無欲天為

玉皇左侍書謚曰玉華君主下界三十六洞學道之流每至秋分日即齎簿書來訪志道之士嘗貶落所犯爲與同宮四人退居靜室嗟嘆其事恍惚如有欲想太上責之謫居人世爲君之妻二十三年矣又遇紫霄元君至此今不復近附於君矣至閣中日獨居靜室隱既駭異不敢輒踐其閒往往有女真或一或四衣長綃衣作古鬟髻周身光明燭燿如晝來詣其室升堂連榻笑語通夕隱至而看之亦皆天人語言

不可辨試問之曰神仙秘密雖復漏洩沉累至重不可不隱陲守其言誠亦常隱諱洎陲羅府恭又解印組得家于洛陽陲以妻之誓不敢陳泄於恭後二年謂陲曰少玄之父壽算止于二月十七日其雖神仙中人生于人世為有撫養之恩若不救之枉其報矣乃請其父曰大人之命將極於二月十七日少玄受劬勞之恩不可不護遂發絳箱取扶桑大帝金書黃庭內景之書致於其父曰大人之壽常數極矣若非

此書不可赦免今將授父可讀萬徧以延一紀乃令
恭沐浴南向而跪少玄當几授以功章寫於青紙封
以素函奏之上帝又名南斗注生真君附奏上帝須
臾有三朱衣人自空而來跪少玄前進脯羞嗡酒三
爵手持功章而去恭大異之私訊於隱隱諱之經月
餘遂命隱語曰玉清真侶將雪予於太上令復名玉
皇左侍書玉華君主化元精炁施布仙品將欲反神
還于無形復侍玉皇歸彼玉清君莫泄是言遺予父

母之念又以救父之事泄露神仙之術不可久留人世之情畢于此矣隱跪其前嗚咽流涕曰下界蟻虱黷汚仙上永淪穢濁不得昇舉乞賜指喻以救沉痼久永不忘其恩少玄曰予留詩一首以遺予上界天人之書皆雲龍之篆下界見之或損或益亦無會者子當執管記之其詞曰

得之一元　匪受自天　太老之真　無上之仙
宪含影藏　形於自然　真安匪求　神之久留

仙壻元者　　其草玄府

淋美其真　體性剛柔　丹霄碧虛　上聖之傳

百歲之後　空餘墳丘

陲載拜受其辭晦其義理跽請講貫以為指明少玄

曰君之於道猶未熟習上仙之韻昭明有時至景申

年中遇瑯琊先生能達其時與君開釋方見天路但

當保之言畢而卒九日葬舉棺如空發襯視之留衣

而銳處室十八居閩三歸洛二在人間二十三年後

陲與恭皆保其詩遇儒道通達者示之竟不能會至

景申年中九嶷道士王方古其先琅琊人也遊華嶽迴道次于陝郊時陲亦客于其郡因詩酒夜話論及神仙之事時會中省貴道尚德各徵其異殿中侍御史郭固左拾遺齊推右司馬韋宗卿王建皆與崔恭有舊因審少玄之事於陲陲出涕泣恨其妻所留之詩絕無會者古請其辭吟咏須臾即得其旨歎曰太無之化金華大仙亦有傳於後學乩時坐客聳聽其辭句々解釋流如貫珠凡數千言方盡其義因命陲

執筆書先生之辭曰少玄玄珠心鏡好道之士家多藏之

妙女

唐貞元元年五月宣州旌德縣崔氏婢名妙女年可十三因夕汲庭中忽見一僧以錫杖連擊三下驚怖而倒便言心痛須臾迷亂針灸莫能知數日稍閑而吐痢不息及產不復食食輒嘔吐唯餌蜀葵花及鹽茶既而清瘦爽徹顏色鮮華方說初昏迷之際見一

入引乘白雲至一處宮殿甚嚴悉如釋門西方部其中天仙多是妙女之族言本是提頭賴吒天王小女為洩天門閤事故謫墮人世已兩生矣賴吒王姓韋名寬第六號上尊夫人姓李號善倫東王公是其季父名牾第八妙女自稱小娘言父與姻族同遊世間尋索今於此方得見前所見僧打腰上欲女吐瀉藏中穢惡俗氣然後得昇天天上居處華盛各有姻戚及奴婢與人間不殊所使奴名羣角婢名金霄名鳳

樓其前生有一子名遥見並修然相識昨来之日於金橋上與兒別賦詩惟記兩句曰手攀橋柱立滴淚天河滿時自吟詠悲不自勝如此五六日病臥叙先世事一旦忽言上尊及阿母并諸天仙及僕隷等悉来叅謝即託靈而言曰小女愚昧落在人間久蒙存卹相媿無極其家初甚驚惶良久乃相與問答仙者悉憑之叙言又曰暫借小女子之宅與世人言語其上尊語即是丈夫聲氣善倫阿母語即是婦人聲各

變其語如此或來或往日月漸久詼諧戲謔一如平人每來即香氣滿室有時酒氣有時蓮花香氣後妙女本狀如故忽一日妙女吟唱是時晴朗空中忽有片雲如席緋細其上俄而雲中有笙聲、調清鏘舉家仰聽感動精神妙女呼大郎復唱其聲轉厲妙女謳歌神色自若音韻奇妙清暢不可言又曲名桑柳條人言阿母適在雲中如此竟日方散旬時忽言家中二人欲有腫疾吾代其患之數日後妙女果背上

脇下各染一腫並大如杯楚痛異常經日其主母見
此痛苦令求免之妙女遂冥冥如臥忽語令添香於
鍾樓上呼天仙懺念其聲清亮悉於西方相應如此
移時醒悟腫消須臾平復後有一婢年染病甚困妙
女曰我為爾白大郎請兵救女即如醮狀須臾却醒
言兵已到急令灑掃添香淨室遂起支分兵馬匹配
幾人於其處檢校幾人於病人身上束縛邪鬼其婢
即瘥如故言見兵馬形像如壁畫神王頭上着胡帽

子悉金鈿也其家小女子見良久乃滅大將軍婕許
名光小將曰陳萬每呼之驅使部位甚多來往如風
雨聲更旬晴忽言織女欲嫁須往看之又睡醒而說
婚嫁禮一如人間言女名垂陵子嫁薛氏事多不備
紀其家常令妙女繡忽言令要暫去請婿鳳樓代繡
如此竟日便作鳳樓姿容精神時異繡作巧妙疾倍
常時而不與人言語時時俛首笑久之言却迴即復
本態無鳳樓狀也言大郎欲與僧伽和尚來看娘子

即掃室添香煎茶待之須臾遂至傳語問訊妙女忽
笑曰大郎何為與上人相撲此時舉家俱聞牀上蹋
蹴聲甚厲良久乃去有時言向西方飲去迴遂吐酒
竟日醉臥一夕言將娘子一魂小娘子一魂遊看去
使與善倫友言笑是夕娘子等並夢向一處與衆人
遊樂妙女至天明便問娘子夢中事一一皆同如此
月餘絶食忽一日悲咽而言大郎阿母喚某歸甚悽
愴苦言久在世間戀慕娘子不忍捨去如此數日歸

泣又言不合與世人往來沒意須住如之奈何便向空中辭別詞頗鄭重從此無漸言語告娘子曰某相戀不去既在人間還須飲食但與某一紅衫子着及瀉藥如言與之遂漸飲食雖時說未來事皆無應其有繁細不能具錄其家紀事狀盡如此不知其婢後復如何

吳清妻

唐元和十二年虢州湖城小里正吳清妻楊氏號監

真居天仙鄉車谷村因頭疼乃不食自春及夏每靜坐入定皆數日村隣等就看三度見得藥共二十一丸以水下玉液漿兩椀令煎茶飲四月十五日夜更焚香端坐忽不見十七日縣令自焚香祝請其夜四更牛驢驚見墻上棘中衫子逡巡牛屋上見楊氏裸坐衣服在前肌肉極冷扶至院與村舍焚香聲磬至辰時方醒稱十四日午時見仙鶴語云洗頭十五日沐浴五更有女冠二人并龍駕五色雲來乃乘鶴去

到仙方臺見道士云華山有同行伴五人煎茶湯相待汴州姓呂名德真金州姓張名仙真益州姓馬名辯真宋州姓王名信真又到海東山頭樹木多處及吐蕃界山上五人皆相隨却至仙方臺見仙骨有尊師云此楊家三代仙骨令禮拜却請歸云有父在年老遂還有一女冠乘鶴送來云得受仙詩一首又詩四並書于後云道啓真心覺漸清天教絕粒應精誠雲外仙歌笙管合花間風引步虛聲其二曰獨上瑤

壇禮太清蓮花山頂飯黃精朝來吸盡金莖露遥誦
仙人掌上經其三曰飛鳥莫到人莫攀一隱十年不
下山袖中短書誰為達華山道士賣藥還其四曰日
落焚香坐醒壇庭花露濕漸更闌淨水仙童調玉液
春宵羽客化金丹其五曰攝念精思引彩霞焚香虛
室對烟霞道合雲霄遊紫府湛然真境瑞皇家

郭翰

太原郭翰少簡貴有清標姿度美秀善談論工草隸

早孤獨處當盛暑乘月臥庭中時有清風稍聞香氣漸濃翰甚怪之仰視空中見有人冉冉而下直至翰前乃一少女也明艷絕代光彩溢目衣玄綃之衣曳霜羅之帔戴翠翹鳳凰之冠躡瓊文九章之履侍女二人皆有殊色感蕩心神翰整衣巾下牀拜謁曰不意尊靈迴降願垂德音女微笑曰吾天上織女也久無主對而佳期阻曠幽態盈懷上帝賜命而遊人間仰慕清風願託神契翰曰非敢望也益深所感女為

侍婢看

勅侍婢淨掃室中張霜霧丹縠之幃施水晶玉華之簟轉會風之扇宛若清秋乃携手昇堂解衣共臥其襯體輕紅綃衣似小香囊氣盈一室有同心龍腦之枕覆雙縷鴛文之衾柔肌膩體深情密態妍豔無匹欲曉辭去面粉如故拭之乃本質翰送出戶凌雲而去自後夜夜皆來情好轉切翰戲之曰牛郎何在那敢獨行對曰陰陽變化關渠何事且河漢隔絕無可復知縱復知之不足為慮因撫翰心前曰世人不明

瞻矚耳翰又曰卿已託靈辰象辰象之門可得聞乎
對曰人間觀之只見是星其中自有宮室居處羣仙
皆遊觀焉萬物之精各有象在天成形在地下人之
變必形於上也吾今觀之皆了了自識因爲翰指列
宿分位盡詳紀度時人不悟者翰遂洞知之後將至
七夕忽不復來經數夕方至翰問曰相見樂乎笑而
對曰天人那比人間正以感運當爾非有他故也君
無相忌問曰卿來何遲荅曰人中五日彼一夕也又

為翰致天廚悉非世物徐視其衣並無縫翰問之謂
翰曰天衣本非針線為也每去輒以服自隨經一年
忽於一夕顏色悽惻涕淚交下執翰手曰帝命有程
便當永訣遂嗚咽不自勝翰驚惋曰尚餘幾日對曰
只今夕耳遂悲泣徹曉不眠及旦撫抱為別以七寶
椀一枚留贈言明年某日當有書相問翰荅以玉環
一雙便履空而去迴顧招手良久方滅翰思之成疾
未嘗暫忘明年至期果使前者侍女將書函至翰遂

開封以青繒爲紙鉛丹爲字言詞清麗情意重疊書末有詩二首詩曰河漢雖云闊三秋尚有期情人終已矣良會更何時又曰朱閣臨清漢瓊宮御紫房佳期空在此只是斷人腸翰以香牋答書意甚懇切并有酬贈詩二首詩曰人世將天上由來不可期誰知一廻顧交作兩相思又曰贈枕猶香澤啼衣尚淚痕玉顏霄漢裏空有往來魂自此而絕是年太史奏織女星無光翰思不已凡人間麗色不復措意復以繼

嗣大義須婚強娶程氏女殊不稱意復以無嗣遂成反目翰後官至侍御史而卒

楊敬眞

楊敬眞虢州閿鄉縣長壽鄉天仙村田家女也年十八嫁同村王清其夫家貧力田楊氏供婦職甚謹夫族目之爲勤力新婦性沉靜不好戲笑有暇必灑掃靜室閑門閑坐雖鄰婦狎之終不相往來生三男一女年二十四歲元和十二年五月十二日夜告其夫

曰妾神識頗不安惡聞人言當於靜室寧之請君與
兒女暫居異室其夫以田作困又保無他因以許之
不詰其故楊氏遂沐浴着新衣洒掃其室焚香閉户
而坐及明訝其起遲開門視之衣服委牀上若蟬蛻
然身已去矣但覺異香滿室其夫驚以告其父母共
嗟嘆之鄰人來曰昨夜方半有天樂從西而來似若
雲中下於君家奏之久之稍稍上去合村皆聽之君
家聞否而異香酷烈遍數十里村吏以告縣令李邯

遣吏民遠近尋逐皆無踪跡因令不動其衣閉其户以棘環之冀其或來也至十八日夜五更村人復聞雲中仙樂異香從東來復下王氏宅作樂久之而去王氏亦無聞者及明來視其門棘封如故房中髣髴若有人聲遽走告縣李邯親率僧道官吏共開其門則婦宛然在牀矣但覺面目光芒有非常之色邯問曰向何所去今何所來對曰昨十五日夜初有仙騎來曰夫人當上仙雲鶴即到宜靜室以伺之至三更

有仙樂綵仗霓旌絳節鸞鶴紛紜五雲來降入於房中執節者前曰夫人准籍合仙仙師使者來迎將會於西岳於是仙童二人捧玉箱來獻箱中有奇服非綺非羅製若道人之衣珍華香潔不可名狀遂衣之畢樂作三闋青衣引白鶴來曰宜乘此初尚懼其危試乘之穩不可言飛翥而五雲捧出綵仗霓旌次第前引至於華山雲臺峰峰上有盤石已有四女先在彼焉一人云姓馬宋州人一人姓徐幽州人一人

姓郭荊州人一人姓夏青州人皆其夜成仙同會於此房一小仙曰適捨虛幻得證真仙今當定名有真字於是馬曰信真徐曰湛真郭曰修真夏曰守真其時五雲綵差徧覆崖谷妙樂羅列聞作於前五人相慶曰同生濁界並是凡身一旦倏然遂與塵隔今夕何夕歡會於斯宜各賦詩以道其意信真詩曰幾劫澄煩思今身僅小成誓將雲外隱不向世間存湛真詩曰綽約離塵世從容上太清雲衣無綻日鶴駕沒

遥程修真詩曰華嶽無三尺東瀛僅一杯入雲騎綵鳳歌舞上蓬莱守真詩曰共作雲山侶俱辭世界塵静思前日事抛却幾年身敬真亦詩曰人世徒紛擾其生似舜華誰言今夕裏俛首視雲霞既而雕盤珍果名不可知妙樂鏘鍠響動崖谷俄而執節者請曰宜往蓬莱謁大仙伯五真曰大仙伯為誰曰茅君也鼓樂鸞鶴復次第前引東去倏然間已到蓬莱其宮皆金銀花木樓殿皆非人間之制作大仙伯居金闕

玉堂中侍衛甚嚴見五真喜曰来何晚耶飲以玉盃
賜以金簡鳳文之衣玉華之冠配居蓬萊院四人者
出敬真獨前曰王清父年高無人侍養請田侍其殘
年王父去世然後從命誠不忍樂而忘王父也惟仙
伯哀之仙伯曰汝村一千年方出一仙人汝當其會
無自墜其道因敕四真送至其家故得還家也耶問
昔何修習曰村婦何以知但性本虛靜即凝神而
坐不復俗慮得入胸中耳此性也非學也又問要去

可名曰本無道術何以能去雲鶴來迎即去不來亦無術可名於是遂謝絕其夫服黃冠郡以狀聞州州聞廉使時崔從按察陝輔延之舍於陝州紫極宮請王父於別室人不得升其階惟廉使從事及夫人之瞻拜者纔及階而已亦不得升廉使以聞唐憲宗召見舍於內殿試問道而無以對罷之令在陝州終歲不食時啗果實或飲酒二三盃絕無所食但容色轉芳嫩耳

少室仙姝

寶曆中有封陟孝廉者居於少室貌態潔朗性頗貞端志在典墳僻于林藪探義而星歸腐草閱經而月墜幽窗兀兀孜孜俾夜作晝無非搜索隱奧未嘗繼揭日時也書堂之畔景像可窺泉石清寒桂蘭雅淡戲猱每竊其庭果唳鶴頻棲於澗松虛籟時吟纖埃晝閴烟鎖篔簹之翠節露滋躑躅之紅葩薜蔓衣垣苔茸毯砌時夜將午忽飄異香酷烈漸布於庭際俄

有輜軿自空而降晝輪軋軋直湊簷楹見一仙姝侍從華麗玉珮敲磬羅裙曳雲體欺皓雪之容光臉奪芙蓉之豔冶正容斂袵而揖陟曰某籍本上仙謫居下界或遊人間五岳或止海上三峰月到瑤階愁莫聽其鳳管蟲吟粉壁恨不寐於鴦衾燕浪語而徘徊鸞虛歌而縹緲寶瑟休泛亂觥懶斟紅杏豔枝激含嚬於綺殿碧桃芳萼引凝睇於瓊樓既獻曉粧漸融春思伏見郎君神儀濬潔襟量端明學聚流螢文含

隱豹所以慕其真朴愛此孤標特謁光容願持箕箒
又不知郎君雅旨何如陟攝衣朗燭正色而坐言曰
某家本貞廉性唯孤介貪古人之糟粕究前聖之指
歸編柳苦辛燃糠幽瞎布衾糲食燒蒿茹藜但自固
窮終不斯濫必不敢當神仙降顧斷意如此幸早迴
車姝曰某乍造門墻未申懇追輒有詩一章奉留後
七日更來詩曰謫居蓬島別瑤池春媚烟花有所思
為愛君心能潔白願操箕箒奉屏幃陟覽之若不聞

雲軿既去窓戶遺芳煞陟心中不可轉也後七日夜妹又至騎從如前時麗容潔服豔媚巧言又白陟曰某以業緣遽縈魔障歎起逢山瀛島繡帳錦宮恨起紅茵愁生翠被難窺舞蝶於芳草每妒流鶯於綺叢靡不雙飛俱能對時自矜孤寢轉懵空閨秋却銀缸但凝睇於片月春尋瓊圃空抒思於殘花所以激切前時布露丹懇幸垂采納無阻積誠又不知郎君意竟如何陟又正色而言曰某身居山藪志已顓蒙不

識鉛華豈知女色幸垂速去無相見尤妹曰願不貯其深是幸望容其陋質輒更有詩一章後七日復來詩曰弄玉有夫皆得道劉剛兼室盡登仙君能仔細窺朝露須逐雲車拜洞天陵覽之又不迴意後七月夜姝又至柔容冶態靚衣明眸又言曰逝波難駐西日易頹花木不停薤露非久輕漚泛水只得逡巡微燭當風莫過瞬息虛爭意氣能得幾時恃賴韶顏須臾槁木所以君誇容鬢尚未凋零固止綺羅貪窮典

籍及其衰老何以維持我有還丹頗能駐命許其依
託必寫襟懷能遣君壽例三松瞳方兩目仙山靈府
任意遨遊莫種槿花使朝晨而騁豔休敲石火尚食
黑而流光彼乃怒目而言曰我居書齋不欺暗室下
惠為証牀子為師是何妖精苦相凌逼心如鐵石無
更多言讜者遲迴必當窘辱侍衛諫曰小娘子迴車
此木偶人不足與語況窮薄當為下鬼豈神仙配偶
耶妹長吁曰我所以懇懇者為是青牛道士之苗裔

況此時一失又須曠居六百年不是細事於戲此子
大是忍人又留詩曰蕭郎不顧鳳樓人雲澀迴車淚
臉新愁想蓬瀛歸去路難窺舊苑碧桃春輜軿出户
珠翠響空泠、笙簫杳、雲露然陟意不易後三年
陟渠疾而終為太山所追束以大鎖使使驅之欲至
爾府忽遇神仙騎從清道甚嚴使者躬身於路左曰
上元夫人遊太山耳俄有仙騎勅使者與囚俱來陟
至彼仰窺乃昔日求偶仙姝也但左右彈指悲嗟仙

姝遂索追狀曰不能於此人無情遂索大筆判曰封陟徃雖執迷操惟堅潔實由村顏難責風情宜更延一紀左右令陟跪謝使者遂解去鐵鏁曰仙官已釋則幽府無敢追攝使者却引歸良久蘇息後追悔昔日之事慟哭自咎

玉蘂院女仙

長安安業唐昌觀舊有玉蘂花其花每發若瓊林瑶樹唐元和中春物方盛車馬尋玩者相繼忽一日有

女子年可十七八衣綠繡衣垂雙髻無簪珥之飾容色婉娩迥出於衆從以二女冠三小僕皆丱髻黃衫端麗無比既而下馬以白角扇鄣面直造花所異香芬馥聞於數十步外觀者疑出自宮掖莫敢逼而視之佇立良久令女僕取花數枝而出將乘馬顧謂黃衫者曰曩有玉峰之期自此行矣時觀者如堵咸覺烟飛鶴唳景物輝煥舉轡百餘步有輕風擁塵隨之而去須臾塵滅望之已在半空方悟神仙之遊餘香

不散者經月餘時嚴休復元稹劉禹錫白居易俱作玉蘂院真人降詩嚴休復詩曰終日齋心禱玉宸魂銷眼冷未逢真不如一樹瓊瑤蘂笑對藏花洞裏人又曰香車潛下玉龜山塵世何由覩蕣顏惟有無情枝上雪好風吹綴綠雲鬟元稹詩云弄玉潛過玉樹時不教青鳥出花枝的應未有諸人覺只是嚴郎自得知劉禹錫詩云玉女來看玉樹花異香先引七香車攀枝弄雪時迴首驚怪人間日易斜又曰雪蘂瓊

龍滿院春羽林輕步不生塵君王簾下徒相問長伴吹簫別有人白居易詩云瀛女偷乘鳳下時洞中暫歇弄瓊枝不綠啼鳥春饒舌青鎖仙郎可得知

谷神女

唐元和初萬年縣有馬士良者犯事時進士王爽為京尹執法嚴酷欲殺之士良乃亡命入南山至炭谷湫岸潛於大柳樹下纔曉見五色雲下一仙女于水濱有金槌玉板連扣數下青蓮湧出每葉施開仙女

取擘三四枚食之乃乘雲去士良見金搥玉板尚在
躍下扣之少頃復出士良盡食之十數枚頓覺身輕
即能飛舉遂捫蘿尋向者五色雲所在俄見大殿崇
宮食蓮女子與羣仙處于中覩之大驚趨下以其竹
杖連擊墜於溪崖澗邊澗水清潔園億熟睡及覺見
雙鬟小女磨刀謂曰君盜靈藥奉命來取君命士良
大懼俯伏求救解之答曰此應難免惟有神液可以
救君君當以我為妻遂去逡巡持一小碧甌內有飯

白色土良盡食復寢須臾起雙鬟曰藥已成矣以示之七顆光瑩如空青色土良喜歎看其腹有似紅線處乃刀痕也女以藥磨之隨手不見戒曰但自修學慎勿語人儻漏洩腹瘡必裂遂同住於湫側又四載谷神之女也守護上仙靈藥故得救君耳至會昌初往往人見於炭谷湫捕魚不獲投一帖子必隨所兩數而得

韋蒙妻

韋蒙妻許氏居東京綢繕里自云許氏世出神仙皆
得爲高真受天帝重任性潔淨熟詩禮二經事舅姑
以孝聞蒙爲尚書郎早夭許舅姑亦亡惟一女年十
二歲甚聰慧已能記易及詩忽無疾而卒許甚憐之
不忍遠葬殯于堂側居數月聞女於殯宮中語許與
侍婢戀笄發棺視之已生矣言初卒之狀云忽見二
青衣童子可年十二三持一紅幡來庭中呼某名曰
韋小真天上召汝于是引之昇天可半日到天上見

宮闕崇麗天人皆錦繡毛羽五色之衣金冠玉笏亦
多玉童玉女皆珠玉五色之衣花木如琉璃寶玉之
形風動有聲如樂曲鏗鏘和雅既到宮中見韓君司
命曰汝九世祖有功於國有惠及人近已擢爲地下
主者即遷地仙之品汝母心於至道合陟仙階即令
延汝于丹陵之闕汝祖考三世皆已生天矣遂使二
童送歸母便可齋沐太乙使者即當至矣許常持妙
真經徃徃感致異香及殊常光色衆共異之已十餘

年矣及小真歸後三日果有仙樂之聲下其庭中許輿小真總算一時昇天有龍虎兵騎三十餘人導從而去乃長慶元年辛丑歲也

餘杭仙姥

仙姥餘杭人也嫁于西湖農家善擇百花釀酒王方平嘗以千錢過蔡經家與姥沽酒飲而甘美其後羣仙時降因授藥一丸以償酒價姥服化去后十餘年有人經洞庭湖邊見賣百花酒者即姥也

仙女奕棋

謝仙翁登山採樵于池側見二女奕謝從傍觀女食桃以核擲地謝取食之奕罷恍失所在謝驗而歸子孫不測后入山莫知所之時有見者急追之莫能及里人為立祠名其池曰仙女池翁曰謝寶仙云

新鐫仙媛紀事第七

錢唐雉衡山人楊爾曾輯

張雲容

薛昭者唐元和末為平陸尉以義氣自負常慕郭代公李北海之為人因夜直宿囚有為母復仇殺人者與金而逸之故縣聞于廉使廉使奏之坐謫為民于海東勅下之日不問家產但荷銀鐺而去有客田山叟者或云數百歲矣素與昭洽乃賫酒攔道而飲餞

之謂昭曰君義士也脫人之禍而自當之真荊聶之儔也吾請從子昭不許固請乃許之至三鄉夜山叟脫衣貰酒大醉屏左右謂昭曰可遁矣與之携手出東郊贈藥一粒曰非唯去疾兼能絶穀又約曰此去但遇道北有林藪繁翳處可且暫匿不獨逃難當獲美姝昭辭行過蘭昌宮古木修竹四合其所昭踰垣而入追者但東西奔走莫能知蹤矣昭潛于古殿之西閣及夜風清月皎見階前有三美女笑語而至揖

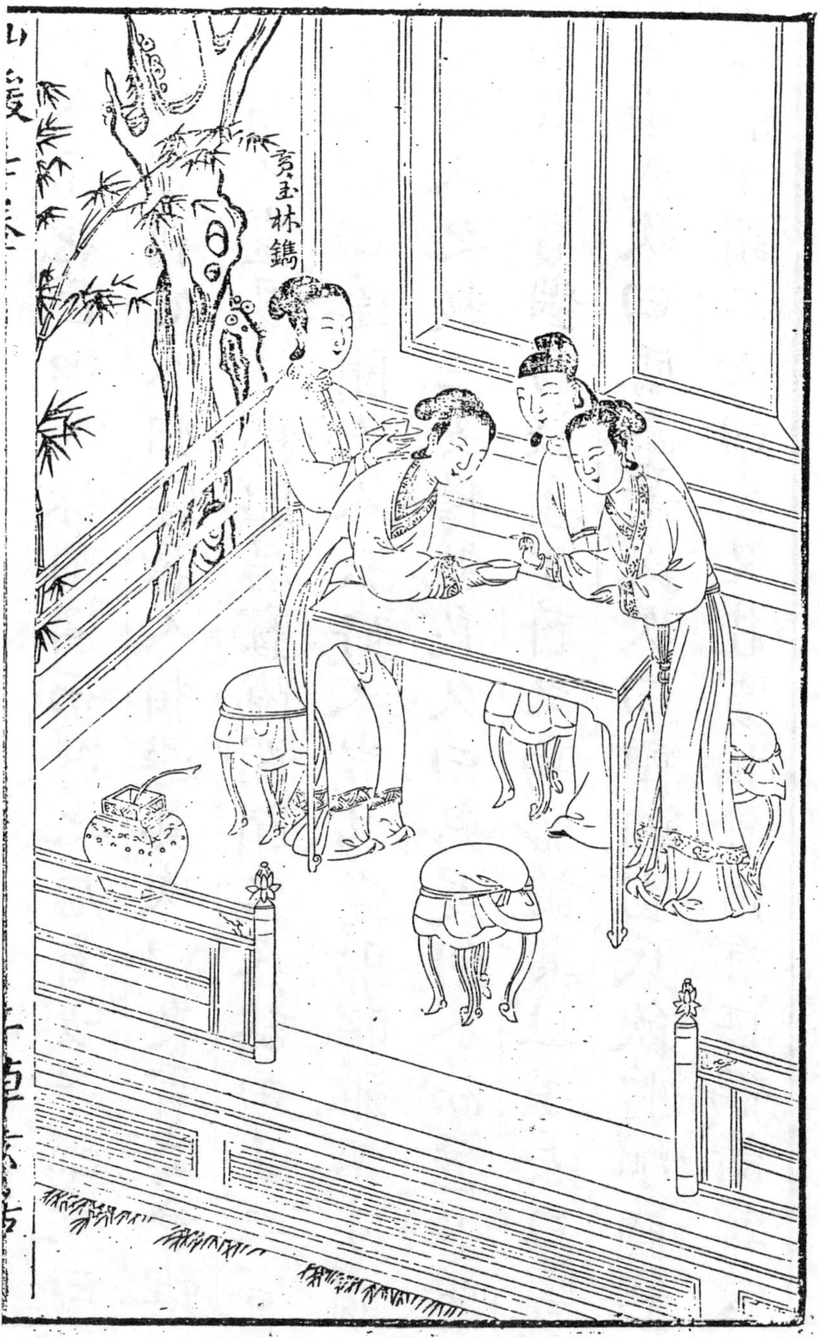
黃玉林鐫

讓升于花茵以犀杯酌酒而進之居首女子酹之曰吉利吉利好人相逢惡人相避其次曰良宵宴會雖有好人豈易逢耶昭居窗隙間聞之又誌田生之言遂跳出曰適聞夫人云好人豈易逢耶昭雖不才願備好人之數三女愕然良久曰君是何人而匿於此昭具以實對乃設座于茵之南昭詢其姓字長曰雲容張氏次曰鳳臺蕭氏次曰蘭翹劉氏飲將酣蘭翹命骰子謂二女曰今夕佳賓相會須有匹偶請擲骰

子遇采強者得薦枕席乃遍擲雲谷采勝翹遂命蘇
郎近雲容姊坐又持雙盃而獻曰真所謂合巹矣臨
拜謝之遂問夫人何許人何以至此容曰其乃開元
中楊貴妃之侍兒也妃甚愛惜常令獨舞霓裳於繡
嶺宮妃贈我詩曰羅袖動香香不已紅蕖裊裊秋烟
裏輕雲嶺上乍搖風嫩柳池邊初拂水詩成明皇吟
詠久之亦有繼和但不記耳遂賜雙金扼臂因此寵
幸愈於羣輩此時多遇帝與申天師談道予獨與貴

妃得竊聽亦數侍天師茶藥頗獲天師憫之因閑處叩頭乞藥師云吾不惜但汝無分不久處世如何我曰朝聞道夕死可矣天師乃與絳雪丹一粒曰汝但服之雖死不壞但能大其棺廣其穴含以真玉疏而有風使魂不蕩空魄不沉寂有物拘制陶出陰陽後百年得還生人交精之氣或再生便為地仙耳我沒蘭昌之時具以白貴妃貴妃恤之命中貴人陳玄造受其事送終之器皆得如約今已百年矣仙師之兆

莫非今宵良會乎此乃宿分非偶然耳昭因詰申天師之貌乃田山叟之魁梧也昭大驚曰山叟即天師明矣不然何以委曲使予符曩日之事哉又問蘭鳳二子容曰亦當時宮人有容者為九仙媛所忌毒而死之葬吾穴側與之交游非一朝一夕耳鳳臺請擊席而歌送昭容酒歌曰臉花不綻幾含幽今夕陽春獨換秋我守孤燈無白日寒雲隴上更添愁蘭翹和曰幽谷啼鸎整羽翰犀沉玉冷自長歎月華不忍扃

泉户露滴松枝一夜寒雲容和曰韶光不見幾成塵曾餌金丹忽有神不意薜生携舊律獨開幽谷一枝春昭亦和曰誤入宮垣漏網人月華靜洗玉階塵自疑飛到蓬萊頂攪斷三枝半夜春詩畢旋聞鷄鳴三人曰可歸室矣昭持其衣超然而去初覺門户至徹及經閾亦無所妨蘭鳳皆告辭而他往矣見燈燭熒熒侍婢凝立帳幄綺繡如貴戚家焉遂同寢處昭甚慰喜如此數夕但不知昏旦容曰吾體已蘇矣但衣

服破故更得新衣則可起矣今有金扼臂君可持往
近縣易衣服昭懼不敢去曰恐為州邑所執容曰無
憚但將我白綃去有急即蒙首人無能見矣昭然之
遂出三鄉貨之市其衣服夜至穴則容已迎門而笑
引入曰但啓櫬當自起矣昭如其言果見容體已生
及回顧帷帳惟一大穴多冥器服玩金玉唯取寶器
而出遂與容同歸金陵幽棲至今見在容鬢不衰豈
非俱餌天師之靈藥耳申天師名元之

許飛瓊

唐開成初進士許渾遊河中忽得大病不知人事親友數人環坐守之至三日蹶然而起取筆大書於壁曰曉入瑤臺露氣清坐中唯有許飛瓊塵心未盡俗緣在十里下山空月明書畢復寐及明日又驚起取筆改其第二句曰天風飛下步虛聲書訖兀然如醉不復寐矣良久漸言曰昨夢到瑤臺有仙女三百餘人皆處大屋內一人云是許飛瓊遣賦詩及成又令

設曰不欲世間人知有我也既畢甚被賞歎令諸仙皆和曰君終至此且歸若有人導引者遂得回耳

裴玄靜

裴玄靜緱氏縣令昇之女鄠縣尉李言妻也幼而聰慧母敎以詩書皆誦之不忘及笄以婦功容自飾而好道請于父母置一靜室披戴父母亦好道許之日以香火瞻禮道像女使侍之必逐於外獨居別有女伴言笑父母看之復不見人詰之不言潔思閑淡雖

骨肉常見亦親禮曾無慢容及年二十父母欲婦於李言聞之固不可唯願入道以求度世父母抑之曰女生有婦是禮婦時不可失禮不可虧儻人道不果是無所婦也南嶽魏夫人亦從人育嗣後為上仙遂適李言婦禮臻備未一月告于李言以素修道神人不許為君妻請絕之李言亦慕道從而許焉乃獨居靜室焚修夜中聞言咲聲李言稍疑未之敢驚潛壁隙窺之見光明滿室異香芬馥有二女子年十七八

鳳髻霓裳姿態婉麗侍女數人皆雲髻綃服綽約在側玄靜與二女子言談李言異之而退及旦問於玄靜荅曰有之此崑崙仙侶相省上仙已知君窺以術止之而君未覺更來慎勿窺也恐君為仙官所責然玄靜與君宿緣甚薄非久在人間之道念君後嗣未立候上仙來當為言之後一夕有天女降李言之室經年復降送一兒與李言此君之子也玄靜即當去矣後三日有五雲盤旋仙女奏樂白鳳載玄靜昇天

向西北而去時大中八年八月十八日在温縣供道

村李氏别業

感玄符

感玄符者冀州民妻也三歲得疾而卒父母號慟方

甚有道士過其門曰此可救也抱出示之曰此必為

神仙適是氣蹶耳衣帶中解黑符以救之良久遂活

父母致謝道士曰我北嶽真君也此女可名玄符後

得昇天之道言訖不見遂以為名及為民妻而舅姑

酷侍奉益謹常謂諸女曰我得人身生中國尚為女子此亦所闕也父母早喪唯舅姑為尊耳雖被箠楚亦無所怨夜有神仙降之授以靈藥不知其所修何道大中十年丙子八月十日昇天

徐仙姑

徐仙姑者北齊僕射徐之才女也不知其師已數百歲狀貌常如二十四五歲耳善禁咒之術獨遊海內名山勝境無不周徧多宿巖麓林窟之中亦寓止僧

院忽為豪僧十輩巧言詆侮姑叱之羣僧激怒欲以
力制詞色愈悖姑笑曰我女子也而能棄家雲水不
避鮫龍虎狼豈懼汝鼠輩乎即解衣而卧遽撤其燭
僧喜以為得志遲明姑理策出山諸僧一夕皆僵立
户坐若被拘縛口噤不能言姑去數里僧乃如故来
往江表吳人見之四十餘年顏色如舊其行若飛所
至之處人畏敬若神明矣無敢戲侮者咸通初謂刺
縣白鶴觀道士陶蕢雲曰我先君仕歷周隋以方術

聞名陰功及物今亦得道故我為福所及亦延年長生耳以此推之即之才女也

緱仙姑

緱仙姑長沙人也入道居衡山年八十餘容色甚少於南嶽魏夫人僊壇精修香火十餘年了然無侶壇側多虎狼常人遊者須結隊執兵器方敢入姑隱其間曾無怖畏數年後有一青鳥形如鳩鴿紅頂長尾飛來所居自語云我南嶽夫人使也以姑修道精苦

獨棲窮林命我為伴他日又言西王母姓緱乃姑之祖也聞姑修道勤至將有真官降而授道但時未至耳宜勉於修勵也每有人遊山必青鳥先言其姓字又曰河南緱山乃王母修道之處故鄉之山也又一日青鳥飛来曰今夕有暴客至勿以為怖也其夕果有十餘僧来魏夫人仙壇乃是一片石方可丈餘其下窍然浮寄他石之上每一人推之則摇動人多則屹然而住是夕羣僧持火挺刃將害仙姑入其室姑

在牀上而僧不見僧既出門即摧壞仙壇轟然有聲山震谷裂謂已顛墜矣而終不能動僧相率奔走及明有遠村至者云十僧中九僧爲虎所食其一不共推故免歲餘青鳥語姑遷居他所因徙居湖南鳥亦隨之而往人未嘗會其語唐相國文昭鄭公畋自承旨學士左遷梧州牧師事於姑姑謂畋曰此後四海多難人間不可久居吾將隱九疑矣一旦遂去

王氏女

王氏女者丞相徽之姪女也父隨兄入關徽之時在翰林王氏與所生母劉及嫡母裴氏寓居常州義興縣湖㳇渚桂巖山之下與洞靈觀相近王氏自幼慕道不飲酒不茹葷工詞翰善琴好無為清淨之道及長誓志不嫁常持大洞三十九章道德章句居室之中時有異香氣與衆香氣不同父母敬異之嘗密謂母曰洞宮有名當補仙官辭不獲免恐違行耳母未解其意忽一旦小疾裴與劉於洞靈觀修齋祈福是

日稍愈遂同詣洞靈真像前焚香祈祝及晚歸坐於門右片石之上題絕句曰翫水登山無足時諸仙頻下聽吟詩此心不戀居人世唯見天邊雙鶴飛此夕奄然而終及明有二鶴棲於庭樹有仙樂盈室覺有異香遠近驚異共奔看之隣人以是白於湖洑鎮吏詳驗鶴已飛去因囚所報者裴及劉焚香告之曰汝若得道却為降鶴以雪隣人勿使其濫獲罪也良久雙鶴降于庭旬日又降葬於桂巖之下棺輕但聞香

氣異常發棺視之止衣舃而已今以桂巖所居為道室即乾符元年也

薛玄同

薛氏者河中少尹馮徽妻也自號玄同適馮徽二十年乃言素志稱疾獨處焚香誦黃庭經日二三遍又十三年夜有青衣玉女二人降其室將至有光如月照其庭廡香風飒然時秋初殘暑方甚而清涼虛爽飄著洞中二女告曰紫虛元君主領南方下校文籍

命諸真大仙於六合之內名山大川有志道者必降而教之玄同善功地司累奏簡在紫虛之府既聞女子立志君允嘉之即日將親降於此如此凡五夕皆焚香嚴盛以候元君咸通十五年七月十四日元君與侍女羣真二十七人降于其室玄同拜迎于門元君憩坐良久示以黃庭澄神存修之旨賜九華丹一粒使八年後吞之當遣玉女飆車迎汝於嵩嶽矣言訖撤去玄同自是冥心靜神往往不食雖真仙降眄

光景燭空靈風異香雲璈鈞樂奏於其室馮徽亦不知也常復毀笑及黃巢犯闕馮與玄同寓晉陵中和元年十月舟行至瀆口欲抵別墅忽見河濱有朱紫官吏戈甲武士立而序列若迎候狀所在寇盜舟人見之驚愕不進玄同無懼也即移舟及之官吏皆拜玄同曰未也猶在春中但去無速也遂各散去同舟者莫測之明年二月玄同沐浴餌紫靈所賜之丹二仙女亦密降其室十四日稱疾而卒有仙鶴三十

六隻鶴集庭宇形質柔緩狀若生人額中有白光一點良久化為紫氣沐浴之際玄髮重生立長數寸十五日夜雲彩滿空忽爾雷電棺蓋飛在庭中失尸所在空衣而已異香羣鶴浹旬不休時僖宗在蜀浙江節度使周寶表其事詔付史官

戚逍遙

戚逍遙冀州南宮人也父以教授自資逍遙十餘歲好道清淡不為兒戲父母亦好道常行陰德父以女

誠授逍遙逍遙曰此常人之事耳遂取老子仙經誦之年二十餘適同邑蒯潯舅姑酷責之以蠶農怠惰而逍遙旦夕以齋潔修行為事殊不以生計在心蒯潯亦屢責之逍遙白舅姑請返於父母及父母家亦逼迫終以不能為塵俗事願獨居小室修道以資舅姑蒯潯及舅姑俱疑之乃棄之於室而逍遙但以香水為資絕食靜想自歌曰嘆看滄海欲成塵王母花前別衆真千歲却歸天上去一心珍重世間人蒯氏

及隣里悉以為妖夜聞室內有人語聲及曉見逍遥獨坐亦不驚又三日晨起舉家聞屋裂聲如雷但見所服衣履在室內仰視半天有雲霧鸞鶴復有仙樂香軿彩仗羅列逍遥與仙衆俱在雲中歷歷聞分別言語蘭譸馳報逍遥父母到猶見之郭邑之人咸奔觀無不驚歎

茶姥

廣陵茶姥者不知姓氏在鄉里間常如七十歲人而

輕健有力耳聰目明髮鬢滋黑晉元帝南渡之後耆舊相傳見之數百年顏狀不改每旦將一器茶往鬻於市市人爭買自旦至暮所賣極多而器中茶常如新熟未嘗減少人多異之州吏以冒法繫之於獄姥乃持所賣茶器自牖中飛去

渤海女仙

張建章為幽州行軍司馬尤好經史聚書至萬卷所居有書樓但以披閱清淨為事曾賚府帥命往渤海

遇風波泊舟忽有青衣泛一葉舟而至謂建章曰奉
大仙命請大夫建章應之至一大島見樓臺巋然中
有女仙處之侍翼甚盛器食皆建章故鄉之常味也
食畢告退女仙謂建章曰子不欺暗室所謂君子也
勿患風濤之苦吾令此青衣往来道之及還風波寂
然往来皆無所懼及迴至西岸經太宗征遼碑半没
水中建章以帛覆面模而讀之不失一字其篤學如
此薊門之人皆能說之

黃觀福

黃觀福者雅州百丈縣民之女也幼不茹葷血好清靜家貧無香以栢葉栢子焚之每凝然靜坐無所營為經日不倦或食栢葉飲水自給不嗜五穀父母憐之率任其意既笄欲嫁之忽謂父母曰門前水中極有異物女常時多與父母說奇事先兆往往信驗聞之因以為然隨往看之水果來洶涌乃自投水中良久不出漉之得一古木天尊像金彩巳駮狀貌與女

無異水即澄靜便以木像置路上號泣而歸其母時来視之憶念不已忽有彩雲仙樂引衛甚多與女子三人下其庭中謂父母曰女本上清仙人也有小過謫在人間年限既畢復歸天上無至憂念也同来三人一是玉皇侍女一是天帝侍辰女一是上清侍書此去不復来矣今来此地疾疫死者甚多以金遺父母使移家益州以避凶歲即當金數餅昇天而去父母如其言移家蜀郡其歲疫毒黎稚尤甚十喪三四

即唐麟德年也今俗呼為黃冠佛蓋以不識天尊道像仍是相傳語訛以黃冠福為黃冠佛也

紫素元君

有任生者隱居嵩山一夕美女至留詩曰我居籍上清謫居遊五嶽以君無俗累来觀神仙學生拒不納後三日至曰妾非精魅名列上仙冥數與君合為配偶又贈詩曰葛洪亦有婦王母亦有夫神仙盡靈匹君子意何如生竟不對女又曰阮郎迷不悟何以伸

情素明月海上春綠軿却歸去後數月生病卒為吏所追道遇旌旗擁翠輦中有一女子笑曰是嵩山讀書簿命漢取吏所持文字視曰今既相遇不能無情索筆判云吏與三年生再拜吏曰此乃紫素元君仙官之最貴者吏送回生乃活三年卒

慈恩塔院女仙

唐太和二年長安城南韋曲慈恩寺塔院月夕忽見一美婦人從三四青衣来遶佛塔言笑甚有風味回

頷侍婢曰白院主借筆硯來乃於壯廟柱上題詩曰
黃子陂頭好月明忘却華箋到曉行烟收山低翠黛
橫折得荷花贈遠生題訖院主執燭將視之悉變為
白鶴冲天而去書迹至今尚存

古塚女子

周寶為浙西節度使治城隍至鶴林門得古塚棺櫝
將瘞之有一女子面如生鉛粉衣服皆不敗掌役
者以告寶親視之或曰此是當時嘗餌靈藥待時而

發者發則解化之期矣寶即命改葬之具車輿聲樂以送寶與僚屬登城望之行數里有紫雲覆輀車之上衆咸見一女子出自車中坐于紫雲冉冉而上久之乃發開棺則空矣

曹仙媼

曹仙媼不知何許人常攜幼女引一犬息馬闘闢柳下一日至河將渡舟師拒之媼攜女與犬凌波御風須臾登岸俄入東岸八口石龕中遂與女及犬俱化龕

中土人立廟祀焉

張珎奴

宣和中洞賓遊吳興見一妓張珎奴色華美性澹素雖落風塵每夕沐浴更衣炷香告天求脫去甚切洞賓化一士訪之珎奴見其風神秀異殊敬盡歡自飄然而去明日又至如是往來月餘終不及亂珎奴曰荷君眷顧甚久獨不留一宿謦枕席之娛豈妾鄙陋不足以奉君子耶士曰不然人貴心相知何必如是

哉且汝每夜告天實何所求珍奴曰失身於此又將何為但自念奴入是門中妄施粉黛以假為真歌謳豔曲以悅為樂本是一團臭膿皮袋借偽飾以惑人每每悔歎世之愚夫不自尊貴過我門者覩我如花情牽意惹留戀不捨非但喪財多致身殞妾雖假容交歡覺罪愈重唯晰夕告天早期了脫士曰汝志如此何不學道珍奴曰陷于此地何從得師士曰吾為汝師可乎珍即拜扣士曰再來廼可遂去日夜望不

至深自悵恨因書曰逢師許多時不說些兒箇安得
仍前相對坐懊恨韶光空自過直到如今悶損我筆
未竟士忽來見所書續其韻曰道無窮妙與你方見
一箇子後午前定息坐夾脊關崑崙過憑時得氣力
思量我珍大喜士廼以太陰煉形丹法與之珍自是
神氣裕然若開悟不知密有所傳尤多珍亦不以告
人臨別作步蟾宮云坎離坤兌分子午須認取自家
宗祖地雷震動山頭雨要洗濯黃芽出土捉得金精

牢固閉煉庚申要生龍虎待他問汝甚人傳但說道先生姓呂珍方悟是呂先生即佯狂丐于市投荒地密修其訣逾二年尸解而去

麻仙姑

麻仙姑後趙石勒麻胡秋之女其父猛悍人畏之築城嚴酷晝夜不止惟鷄鳴廼息姑賢慈恤民之心假作鷄鳴羣鷄效聲衆工廼止父覺欲撻之女懼而逃入仙姑洞修道後於城北石橋飛昇追者不及名其

橋曰望仙

周惠抃

後周武穆公主周惠抃者生而有異光滿室幼不茹葷長思獨處慕魏夫人緱仙姑之志因居石室感西靈聖母降傳經籙修三素之道遭衡之境士女景慕者數百人世代將亂告諸學者曰我當暫往約百餘年再來後學如市唐玄宗開元初賜額西靈後有女冠李大真曾妙本棲踵得道即今常信乃周公主所

捨觀撥久馬氏復興宋朝特賜每歲度女冠一人以
續焚修

石氏女

後周末汴京民石氏開茶肆令幼女行茶嘗有丐者
病癩垢汙藍縷直詣茶肆索飲女敬而與之不取錢
如是月餘每旦擇佳茗以待其父見之怒逐去笞女
女畧不介意供奉益謹又數日丐者復來謂女曰汝
能啜我殘茶否女頗嫌不潔少覆于地即聞異香亟

飲之便覺神清體健再着曰我呂仙也汝雖無緣盡
飲吾茶亦可隨汝所願或富貴或壽考皆可女小家
子不識貴只求長壽不乏財物呂仙遺詞一首名曰
漁父詞以與之子午常飡日月精玄關門户啓還扃
長如此過平生且把陰陽仔細烹言畢不復見女白
父母驚而尋之已不可得女及笄嫁一管營指揮使
後為吳燕王孫女乳母受邑號所乳女子嫁高遵約
封康國太夫人石氏壽百二十歲

曹三香

元祐末安豐縣娼女曹三香得惡疾拯療不痊貧甚為客邸以自給嘗有寒士來託宿欲得第一房主事僕見其藍縷甚拒之三香曰貧富何擇焉便延入少頃士聞呻痛聲甚苦聞其故僕以告士曰我能治此症三香大喜士以箸鍼其股曰回心回心三香問先生姓亦曰回回心回心是時殊未曉門外有皂莢樹甚大久枯死士以藥粒寘樹竅中以泥封之俄失士所

在是夕樹生枝葉旦而蔚然三香疾頓愈始悟回之爲吕遂棄家尋師邑人於其地建吕真人祠紹興十四年三香忽還鄉顏貌韶秀邑老人猶有識之者武翼大夫子澤爲郡守召問之不肯深言後不知所之

劉女

汀州寧化縣攀龍鄉豪家劉安上之女生不茹葷性慧喜文墨年九歲即能隨女人談道姿美而豔其光可鑑以不嫁自誓及笄父母奪其志許嫁虔州石城

何氏子卜吉成婚辭不獲悉務素潔玉顏丹臉不施朱粉將行聚族徒送之門導從越境忽一白鸞從空而下女出車乘之飛昇而去衆駭愕失措父母痛哭悲悼莫知所為里以告縣白于州州聞之朝土人置祠於其地詔賜祠名蓬萊地據左僻士大夫枉道訪求遺迹題咏甚多陳元輿侍郎詩云蓬萊觀下瑞烟飄劉女曾從此地超桃園昔諧王母約雲霄自赴玉皇朝白鸞乘去人何在青鳥飛來信已遙若使何郎

有仙骨也應同引鳳凰簫其觀介于寧化石城兩境之間

台州蛇姑

台州後嶺忻解元所居山林深邃人跡罕及嘗有樵者採薪到山巔見小草庵一道姑坐其中不知從何來疑其為異物也以告所主忻即策杖訪焉佇立良久僕出定開目乃前作禮問先生何處人何年至此不答又曰欲蓋小屋與先生蔽風雨可乎亦不答忻

自名匠剪薙榛莽就舊舍作屋三間具築土臺以供宴坐并薪水之具皆備既流傳四遠好事者瞻敬不絶遂穴地為爐儲宿火擬為來者爇香之用或持錢米布施則寘土臺前地窟內庵伴常有一蛇蟠踞護守善人至蛇隱不出不善人必逐之偷兒知有物夜來盜蛇纒絆至旦幾死始為洒水布氣始甦郡士張得一年方弱冠欲棄家學道齋香拜謁啓云得一妄意修真未知前程可以達道否欣然應之曰汝當逢

至訣宜速離此吾授汝數語能寶持受行之不可勝
追悔弗 為人說如此

浦江仙姑

仙姑相傳爲軒轅黃帝少女於浦江仙華山修眞上
升故山與廟並以仙姑名有廟舊在山巔禱祈輒應
民病陟降跂築山麓

山中美女

介象會稽人學道得度世禁氣之術能隱形變化入

山谷見一美女曰汝食氣未盡可斷穀三年來象如期而往廼授以還丹術吳主聞之名至武昌尊敬之試其術種瓜菓百果皆立生有種黍於山中菩獼猴食之戒曰吾告介君猴即去象死後人復見之于吳與徒護棺視之惟一符耳

赤城山二女

袁根栢碩皆剡縣人因驅羊度赤城山有石門忽開見二女方笄遂入與語後謝歸女以香囊遺之根後

羽化頃年九十餘方外傳之亦如劉阮故事云

馬大仙

馬大仙唐光化間馬氏女青田縣人既嫁家貧養姑克謹遇異人授以仙術往來傭織去家百里乞食有羨不食即以箬笠浮還家薦於姑頃之復回人始知其不凡呼為馬大仙云

唐廣真

女人唐廣真嚴州女子也既嫁得血疾夢道人與藥

服而愈自是與夫仳離從而入道往平江謁褰衣何
先生何稱為仙姑號無思道人淳熙壬寅二月赴郭
氏飯未竟驀還寓廬即兀兀如醉兩夕小蘇言方在
郭家飯次若有喚我者出門逢呂純陽曹混成獻道
僧三人引至海邊跨大蝦渡海因隨遊名山洞府及
到冥司純陽令崔元靜吳真人洞中學書書大字寫
詩二百餘篇純陽問曰汝欲超凡入聖耶身外有身
耶留形住世耶棄骨成仙耶對曰有母尚存願盡孝

道曰如是則且留形住世遂持丹一粒分而為四投之盤中圓轉甚疾攫得其一吞之自是辟穀高宗聞其名降香徃請符水咨入德壽宮宣問符水靈驗是甚法對曰不曾行法但以心為法神為符氣為水耳上悅書寧靜先生四字以賜之

武元照

武元照蕭山民家女方在襁母或茹葷即終日不食茹菜則乳母異之及長議適人女不樂夜夢神人告

曰汝本玉女坐累暫謫塵境汝歸休人間事及覺欲不食母强之食又夢神怒曰違吾戒何也剖腹取胃滌諸玉盤復納于腹而緘之因授靈寶大洞法及混合真人印俾度世人病自是以符水療人疾遠近求請視病命二僕肩輿以行不煩裹糧至中途取桃二顆呵氣與之食則不飢錢塘陳氏女忽昏累日不知人事請道士設醮厭禳之忽火起壁間倉卒奔走火亦止致書迎元照照衣冠造馬陳女起迎門咲

語如初若無疾者照携之宿三晝夜女亦泰然韓子襄太尉公裔邀照設榻留照寢不聞喘息徐見青雲起鼻端一嬰兒長三寸許色如碧琉璃光射一楹盤旋腹上頃之不見張循王家妾有娠過期不產請照從諸妾雜立照獨視孕者咨嗟曰爾前生為樵夫嘗擊殺大蛇今故讐汝在腹食爾五臟盡乃已急白王出之書二符授妾妾如戒焚符以水飲之產一大蛇王聞之大駭敬禮之贈以金帛不受復如韓氏留歲

餘欲歸止之不可涕泣而別言予不再至矣衆疑其
將羽化旦日挐舟歸蕭山至家端坐而逝時紹興十
一年也

漁翁女

揚父號越漁翁生一女絕色有謝生求娶父曰吾女
有詩兩句能續之則可詩曰珠奩半露月修竹一簾
風生曰何事今宵景無人解與同女曰天生吾夫遂
偶之七年忽瞑目而逝後見之江中曰吾本水仙謫

居人間耳

張主簿妻

張主簿元時鄧武人于臨安得一妾誤犯之則不從凡五六年有一貧士至能造墨張舍之令造一夕聞其在妾臥室談笑張亟入見二僮沖霄而去止留墨餘汁張吸之舊疾頓脫

麻衣仙姑

麻衣仙姑本川人姓任氏隱于石室山家人求之弗

得後有人見之遂迤入石室中有聲殷殷如雷其壁
復合手蹟尚存

張仙姑

張仙姑南陽人有仙術人有疾仙姑輒瞋目潛爲布
氣攻之俄而覺腹熱如火已而鳴聲如雷雖沉痼無
不愈徽宗嘗召至東都後不知所終

魯生女

魯生女本長樂人初餌胡麻乃絕火穀凡十餘年少

壯色如梔花一日與知故別入華山后五十年先識者逢生女于廟前乘白鹿從王母人因識之謝其親里鄉故而去

陳仁嬌

陳仁嬌南海人父名玘仁嬌嘗夢爲逍遥遊及寤每思舊遊不可得忽八月望丙夜有仙數百從空招之仁嬌超然隨衆朝謁于帝遂掌蓬萊洞宋元祐中降于廣州進士黃洞家者再時

建昌麻姑

宋政和中麻姑是建昌人修道于牟州東南姑餘山冊封為真人至元時劉氏鯉堂前有大槐忽夢一女冠自稱麻姑乞此樹修廟劉謾許之既寤異其事後數日風雷大作失槐所在即詣麻姑廟槐已卧其前矣重和初賜額曰顯異

孫仙姑

孫仙姑名不二號清靜散人寧海人即馬宜甫之妻

仙媛七卷 三十 青玄房

也母夢鶴入懷覺而有妊生而聰慧好濟人重陽祖師自終南來化宜甫洎仙姑入道夫婦敬之若神宜甫仙姑未能輙棄家從之每點化未悟一日仙姑見祖師大醉徑造其宅臥於仙姑寢室姑責其非禮怒鎖之門內使僕人呼宜甫婦而告之宜甫曰師與予談道不離几席寧有此事及開鎖其室已空乃窺所鎖之菴祖師聽正濃矣姑愈敬信乃始作菴修煉時年五十矣後復從風仙姑遊至洛陽六年道成一日

忽謂弟子曰師真有命當去瑤池遂沐浴更衣書頌云三千功滿超三界跳出陰陽包裹外隱顯縱橫得自由辭魂不復歸寧海書畢跏趺而化香風散漫瑞氣氤氳竟日不散時宜甫居寧海環堵中聞仙藥騐空仰而視之見仙姑乘彩雲而過仙童玉女旌節儀仗擁導前後俯而告宜甫曰吾先歸蓬島矣

西真仙子

賢鷄君魯敢因行西城道上遇青衣曰君東齋有客

伺君久矣君乃歸至庭際見女子弄蕋花陰君疑係
怪正色遠之女亦徐去月餘飛空而来曰奴西王母
之裔家於瑤池西真閣恍如夢中引君同跨彩鸞在
寒光碧虛中四顧瓊林爛若金銀世界曰此瑤池也
藍波碧浪珠樓玉閣紅光翠靄命君升西真閣見千
萬紅粧珠佩玎璫霞冠霓裳一人特秀女曰此吾西
王母也久之紫雲娘亦至須臾觥籌遞舉霞衣吏請
奏鸞鳳和鳴之曲又奏雲雨慶仙期曲酒酣復入一

洞碧桃豔杳香凝如霧女頋謂君曰他日與君雙棲
於此是夕同宿五雲帳中翌早君辭歸諸仙舉樂而
別

玉源夫人

陳純遊桃源凡九日粮盡困卧忽見水流巨花片純
取食之因下利覺身輕行步愈快忽遇青衣曰此玉
源夫人之地上府玉源中府靈源下府桃源後中秋
三仙將會於此君可待之至其夕纖水際有臺閣相

望有仙童名純純即往見三夫人坐絳殿上衆樂並
作玉源請純登殿叙禮畢引純登西臺翫月酒至數
行玉源謂純曰近世中秋月詩可舉一二句純乃曰
莫辭終夕看動是隔年期桃源曰未見得便是中秋
於是三夫人各吟和詩純和曰秋靜夜尤靜月圓人
更圓玉源笑曰書生便敢亂生意思純曰和韻偶然
耳玉源曰天數會合必非偶然因命斷言語褻狎遂
俾繾綣待曉同舟而至玉源之宮云云

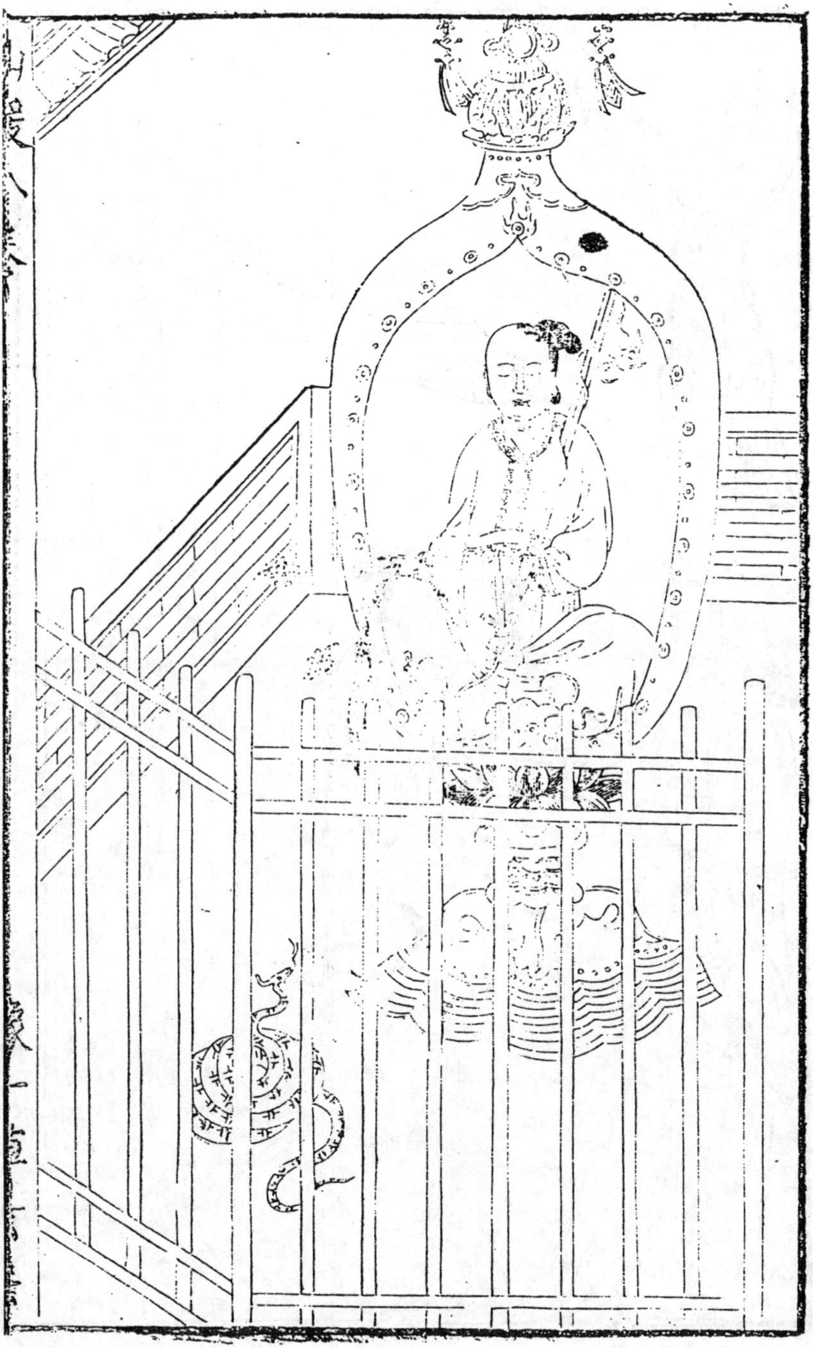

仙媛 卷

新鐫仙媛紀事第八

錢唐雉衡山人楊爾曾輯

至道之精無形無名並乾灝之震丹隄之流遥泒踈世名三之與媾爲鬪孰知真非起一函三惟我大師作曇陽大師傳

曇陽子

曇陽子者姓王氏諱燾貞曇陽其號也盖皆聖師朱真君所命云父曰禮部侍郎翰林學士錫爵是為荆

石先生母曰朱淑人始朱淑人夢月輪墜於牀而孕故難產前者幾坼副意憂之而一日侍姑吳淑人語而立生甚易且無血也宗黨乃賀學士而學士甫捷應天解以師當桂祥遂名之曰桂時嘉靖戊午十一月之二十一日也師產既彌月所致乳母病絕乳凡三易輒三病絕乳而又苦瘍疥晝夜啼膚色黃瘇學士及朱淑人不甚憐愛之有請字者輒不許曰是尚未卜吾女敢卜婦而寂後始許令參議徐君廷祼之

子景韶師五歲為兒戲輒剪紙作小幅寫若觀世音大士像者擘而設膜拜焉旦醒從被中拈豆數誦彌陀百餘聲而後起遂為常又時時拜天地囁嚅喉吻間耳之則為父母祝釐者乃始稍奇之令就內傅所受孝經小學未終篇輒罷去學士既宦遊燕中以師從一日忽稟其所授經曰此豈女子所務功業耶於是稍就女紅然亦不肯竟學米鹽人諷之竟卒弗竟也而時時閉門隱几獨坐若有思者時萬曆之甲戌

師年十七矣徐君所使使自浙來謀置幣學士業已趣具裝嫁且辦而師乃灑掃淨室奉所携觀世音像稽顙自稱名願得長齋受戒充弟子朱淵人大驚曰咄咄何物女作何態且安所欲師曰欲了生死耳朱淵人益驚曰吾不曉若語第曉歲月間為徐郎婦將遂負之耶師默不應已而歎曰嗟乎豈彼負哉彼固無我緣也朱淵人亦不敢詰而介弟衛少於師三歲一夕從之嬉而師偶以石擊地鏗有聲怪而躡之聲

鉉〻與復應益勁久之有光若螢隱見柱礎間自是
光連夜輒見而輒加巨或輪囷若輕雲或焱閃若電
或散噴若燧宿或騰起若炬或晶白若凝霰或青紫
若鉄錫惟銜與一二戲女亦覩之以白學士曰婢所
居恆爾得非珠寶氣耶學士戒勿泄而陰伺之具如
銜語又旬餘師忽戒左右毋進飯飯吾吾不饑也學
士憫而強之飯則吐乃別進諸果餌則又吐果唯進
少許鮮棗桃杏取汁液耳學士念不食久以為疾而

呂醫脈之師咲曰女故無疾女所以不飯者夜夢一上真美麗非恒冠七梁冠躡繡履扶五色雲下凭几坐撫白玉琴而無絃左侍一女冠綠衣垂髻者狀略如之年可三十而少右侍一媪衣褐色冒綮年可七十而老少者指中坐者曰此而所奉大士也指老者曰此而導師偶霰嬰也余則茅真君大士熟視女而哂顧偶師焚香香裊裊縷烟成篆書善字真君謂女速吸之可却食證聖矣自是醒而所繇以不飯也女

何疾學士乃與來餘人稍稍聽師意而自是真君與
錫師一再夕輒至大士亦數夕至皆於危坐時見之
以為夢則境甚真以為真小不類大士始色莊已而
莊稍解間有所指授而真君則摩頂慰引款曜娓娓
時出機語相開得一捷會即嘖嘖歎賞而稍涉擬議
未出口已譙讓隨之曰道在汝卜度耶一夕夢真君
口授一編曰法照悟圓靈寶真經覺而能憶之且書
之以語學士曰是道經也而禪語居三月徐景韶病

死其家以訃來朱洲人匿而謂師曰若言徐郎無緣者何也師不應手書一回字示之朱洲人為解曰人也而四周之得無幽且死乎師乃慨然曰死久矣朱洲人為發訃師遂跣而哭三日出其橐則有成製縞服草屨御之以見學士夫婦曰兒故徐郎身也念父母不獲死且當為徐郎稱未亡人學士謬難之曰若豈已婦於徐而未亡人為師曰父謂不食祿者不王臣耶則日者大行之詔下而吏民何以哭臨成服

也學士不能答而師若節愈甚諸真又以不時至朱淋人意不懌陰灑豬狗血詠薦間冀以禳却之師乃謂學士真君有言吾曹非可禳却者且以節義成女名寧予詭也乃止俄而有芝產所居室前縈數百武豆麥黍稷之屬殆徧學士試謂師是固吾祥如燕中不能稻何一夕而稻生即芃然穎俄而並實師乃手授之以施鳥雀會有詔議祀故新建伯王守仁學宮學士當屬議乃具草曰夫夫覇儒也陰事禪而外攻

之不宜祀草成而師見之曰父以王氏學非耶則可而以朱氏闢王氏則不可夫百步五十步者皆是也學士爲削草而陰怪師何所得二氏學既遷國子祭酒師乃請別築一土室居之適廨偏一古槐滴如血師過而祝焉即止尋長至大雪師潔淨若有待者俄紅光二道從西南來群真從之其上體極明了而下皆爲白雲擁羃不可辨朱真君手拂師髻抄雪取金剛經爲訂句讀解釋疑義移晷乃去學士聞而掩之

無有也其餘紅猶施庭雪若染者蓋自是多晝見矣又一日學士晨起若謦欬者覘其室門有光大於鋌殷赤閃閃似初日又似紫金在谿茁穎百千道燦爛注射不可正視聲絕光亦隱其夕師夢謁大士畢集於諸真所凡坐而冠帔者十人首坐則蘇元君也貌僅可二十許玉瑩絕世見即呼師為小弟子真君坐第四偶師最老而坐最居末自是元君亦微有所指授然默而寡咲容不若真君優詳家人母子也一日

學士卒然詰師道果不食而已耶柰何詭跡以憂若父母師曰吾父言之善命進白飯粥亦時噉薺菜筍母令雜鹽醯耳居月餘而學士之父母封詹事公與吳淞人來封公謂曰聞若久不食今乃食耶如初志何師曰大父言之亦善遂復卻食而爾進枇杏汁液亦加少夜則真君袖仙果啖之果圓長可二寸青黃色亦具小核無皮滓輕滑如夕露而特甘不可名質也師自是每入定即見真君與大士元君及諸真來

一切歛容正念不爲魔以告學士學士尤之曰彼不責我慢乎曰不我責也夫何知非試我我一起而魔嬈之矣於是諸眞來益數而稍稍以魔事試師嘗夢之曠野則有婦粧而偶坐手簿書其標曰相思師念此非邪也耶叱使去忽復一狡童見凌輔且屬師極力擠之故餓而介者來露刃誘曰來何傷吾見從吾婚則生不者立斷汝頸師即引頸受刃欲下而眞君至大笑遂蘇一夕少年衣冠者前逼刺曰余徐生也

僉夫人以我故過白吾將來相慰呴師正色對曰吾
自守吾志耳寧爲情守嗜而它鬼耶則遠滅果徐子
耶歸而待我異日之魄於墓少季乃愧謝去最後一
羽衣星冠者歎息謂師曰癡女子天下寧有仙人若
前後所覩皆狐魅耳久之能令人死師嘿不應則又
曰吾哀若命薄菌露而欲救若今爲若復故食爓膚
媮鬒以窮世法娛何似師復不應道士忽不見而真
君與偶師皆在傍撫掌曰婁試子婁過矣挾其神譎

大士而覯所謂西天七寶蓮花座者問師往否曰往亦愛之否曰弗愛也曰審往者胡弗愛師謝曰聞之師所授經語若以色求我不能見如來今此界著色也是以弗愛也大士稱善相屬真君爲之喜動眉宇出而遇大神關將軍趨拜之將軍止拜稱王貞姑曰賢哉幸自愛某請得効力師辱謂將軍故髯而美姿觀白皙色微酡其乘馬亦白世所圖不盡爾也尋學士自國子長宮察而封公偕吳淞人復來視念邱中

隘囦而外生得失遂攜師歸屬徐生已葬念欲往視恐不得請屬貲辭百餘言使隸媼齎而焚之墓師故寡言自其歸而與諸姑姊輩處益務爲韜默亦不便習茍禮乃創一龕置之樓而鍵之時時諷誦金剛楞嚴諸經有所得輒書其隙著注著且周歲忽謂其弟衡曰心可調矣我相人相俱忘之矣即出與諸姑姊輩狎委曲周詳時雜以諧浪諸姑姊人人相懽甚然內不無少疑其怠即吳淞人亦疑之謂曰汝習靜久

令逐種〻相得無亂性手師曰習事以鍊性不聞亂性也夫靜自女習之亦女識之心攝境則真空也爲境攝則頑空也吳淞人異其答然卒莫曉所謂久之師忽大悟覺腦中仙音縹緲自空而來先天氣馳〻周五臟遂成丹初僅若黍米已漸長若彈丸外顏輕紗縠色正赤黃居恒置下丹田時有所升降聞出之掌煜然吐光彩自是水火絕不復進諸果矣而學士業予告偕朱淞人歸師驟得父母喜甚旦夕修問安

刺紝繡纖勤於他姊妹逢迎約略如常時僅不食而已朱沐人撫且諭之曰若鄉者謂了生死此為了不耶師哂曰徐之以了日還毋明年正月為己卯間日燕居深坐若有憂者學士怪問之師曰兒神下一出而惝怳夢境數驚數喜豈其陰神耶夫陰神者鬼趣也余希上乘而性命之不俱徹如負吾師何是時不佞世貞屏跡小祇園竊聞師之槩而心慕之適學士見訪語次不佞歎曰此天人關也雖然神欲出而尼

之離舍不易也神已出而驚之迺舍不易也其機在
吾子學士歸而師果屬之父幸毋它出姑守兒兒目
光下垂面蔆赤口鼻息俱歛此神出也愼毋令家人
子窺我亭午神果出學士乃屏息擁護以俟及酉而
空中泠然若磬聲師已醒矣咲謂學士兒幸無它頃
刻殆數百千里山川草木龍蛇鳥獸之寓目者種種
矣而皆吾身中神也今者內觀則萬象固森然也夫
度此關而五陰之蠲障蕩然解道合我宴屬試會學

士病痢寢劇師手一杯水而飲之良已乃謂學士閉關期至矣別而登樓學士急與朱游人尾之不及若有重閉者叩不復應乃痛哭返自是謦欬絕矣凡三月忽下一赫蹏示學士曰兒今所出者陽神也問何以驗之曰無難也明日學士晨之所居書室啓鑰而案頭有米麵柑橘棗栗諸果餌幾二十種墨書其偏曰壽貞子神出東南方至此學士乃益心伏而會所從女奴聞中庭履聲以白學士急抉門隙窺師衣黃

衣從樓上下倏忽若飛鳥遥問師何奇乃爾師答曰
兒鍊形久且輕矣鶱斯決不過尋丈不為奇也學士
喜乃固請啓關欲一見師報札云兒非不憶父母以
鍊形故稍改異恐見而驚耳無已請俟於門遂下樓
啓拒不復從窗騰入學士迫之猶露衣裾尺許頎咲
曰見矣何欲速為已而盡露其面作黃金色芒彩掩
映丹脣如爛椹首挽雙髻稍〻談所得已拈一栢枝
擲學士曰以此汲井飲之其井故師所選地暑以已

學士痾者也學士時復苦脾疾而天大寒口慼縮不能受師曰姑盡之遂盡之缶可受五升許腹溫然煖也已而氣体塗然乃悉汲以飲大父母及母而屬歲且除師以一札白學士曰兒神欲少出出將以有為毋令外人及鷄犬近我樓計數日當返返則以鈴聲為驗居數日鈴聲起空際則神返矣時庚辰朔之又二日也學士問所以出曰聖師真君指也更竊之則曰涉久當自見其又二日聞語學士曰可之王某所

而詰之前三日門戟有所獲否盖是時猶稱世貞別
號云學士以語世貞上獲也歸而告師師乃歎曰此
子緣小関未遂際耶雖然不而遺也又一日而西闕
之候人以片紙來其題蹟云曇陽子列仙到驗知為
師蹟也又四日學士遊於圃而獲小黃紙啓封則有
琥珀數珠一署其紙曰孤峯奇遇古月重逢以問師
師曰吾所貽比丘隆魁著也隆魁盖多習內典精戒
律時為學士閱華嚴藏而又四日為上元有優婆夷

叩閣言元旦起禮佛而瞥見一女子擾之小黃紙中不知何物學士為戲封則亦瑀珀數珠也其紙署云二十年来一夢元宵得遇主人邀宿之樓之下媪老矣夕恒坐脇不沾席坐至丙夜而觀赤光如初日學士大奇之謂此優婆夷者殆得真空觀以詫歸師咲曰不然是嫗坐深而兒以宗戒二字朱書題領又以花果納之袖而了不覺所謂頑空非真空也吾力僅使之死不流隨耳明日世貞甫蓐食一嫗齋匜水絲

緣踵門請謁曰五皷之廟所而若有皁衣人手二物
謂與我貽王中丞必面之不者且禍汝語畢忽不見
余心知所謂即飲水醮而篋緣供淨室其次日質明
以告學士望師所居閣再拜謝其又五日漏盡一更
孺子来致黃冠下有髮紒承之曰昔時之飛雲橋憩
而有褐色衣媪以屬我曰善可西叩王中丞第而授
之我不識中丞第而識侍郎之從者與偕来不倭再
拜視冠之槃有細字云霰婸追環其下云曇陽子迺

知援冠孺子者偶師也質明復視其裏綴黃絹數寸裹黃紙一銀環一紙作小楷七十字中亦有古月孤峰語而銀環之約邈矣舍人子外居者見之而驚曰一直兵於門戟得黃冠援我我惡弗收也呼兵則立至得冠與環具如之而字稍龥四五徽亦有改易者義則無易也於是知所謂追環者追所失環也師乃謂學士曰我言不而還果然今乃併得二環故有指亂世貞復之學士所裁啟以謝而上何師有報言灘

一紙汲引慰借出之若海迷途而婉導之自是徑復皆繇學士不假神力矣學士之傾注師甚師首言於朱真君度之而家人中外不能無少疑且以學士旦夕當大拜柰何忽忘世而皈淼茫之教日亭午忽肩黃衣蹁躚舞樓之脊者俄小踊而上去脊二丈許復下家人覩之已而其閭左右覩之知為師也乃稍伏而學士徐風師曷不少湛晦師曰兒固知之夫豈不欲匿光景以夷希造大道也顧家世富貴又女身不

得否以跡誨淺知者且吾所苦心爲二大人白業地也不然去吾色身旦夕耳學士曰審爾胡弗少待以合形神妙而顯、狗竇異世事乎師曰兒亦念之顧闡闡幽圓滿所雖然吾姑示解耳不往狗竇出入也學士曰吾聞之陰神能見人陽神乃能使人見若所出者陽神也即不靳使我暨大父母見之乎師曰可學士乃埽二室其一居封公而身以子衡從其一居吳門人以朱淅人及子衡婦從夜扃之仍錮其隙步時風肅然則師至榻扇處語曰大父在耶回頭是路已绯細几案間久之乃去而吴淞人所居室其語亦如封公比裝燭視几上各有玉箍篆書真言三紙以犀象盒鏁之語秘不傳然多勸行善積慶意也學士復謂師此但聲聞耳能一形見我乎請具燭師曰何必燭也具戒學士朱淞人宿如前至夜半復來口巳着電俄成青金色照耀滿室而中擁人影不甚辨學士不覺失聲師遂去翌日謂學士識此光乎法身

中真大人有之不自能現耳父稚嚮道何不一反
求茍有求兒得先容於聖師學士大喜曰幸甚師又
曰善欲一接聖師及列真乎學士則又大喜曰幸甚
師乃期以三月之望召學士於樓之外門榭門際屏
息以俟良久聞樓中珮環聲璆然師瞥下樓埽室焚
香布坐尋羣真入咸輕颺雀躍而獨有緩步相次入
者則蘇元君朱真君也師叩首階下已微語語不可
得聞而諸真衣有紫者綠者碧者青者古色者白者

獨元君真君施錦文帶高過領緣而肩而下盤要至
足其文非綺非繡燦爛五色不可名狀元君真君每
出入故纔着便學士識之而領以上則擁於袖不獲
面以為恨將行呼法水灑四壁黑者獨受水不下如
點漆光豔可鑒俄而群真去其留壁者學士舐之甘
於飴請浴於露以指承之則純白乃詑謂師此不可
使我分一杯而忍棄之辟乎師笑曰未易也後固不
乏父供而是時師要世貞上擔帛則上誓帛其文在

師所眞君見而語師曰新弟子可憐也為日使之一見可乎乃以孟夏之二日呼世貞偕學士見見狀及灑法水眞如前獨眞君右部邇閒隙住洪語曰不要悔不要悔蓋羣眞別而門啟世貞入叩首庭中師啟一扉曰王君爾聞眞君之誨乎哉世貞復再拜乃步與談仙事及以龕見託語畢出蓋世貞始獲謁師其脣朱獨貌黃金色稍澹不盡如學士紀又月餘余弟世懋歸自覲以啟白頗共灑掃役師報許上何謁辭

師適曹仙真與周仙姊至而示衣裾焉自後靡數歲閒當戩時學士輒從門隙窺往往見彩服或微露手指白於玉凡列真至則必有金鐺聲獨元君真君二聖至則玉珮聲璫聲急而高調調然珮聲和而清泠泠蕭蕭然又時雜笑語或作颯唄或歌步虛天裊出自空際而下然驟聽之則絕細不易辨也吳淞人偶過與學士偕聞天樂叩首乞一言忽有片紙飄下得二行字云造化本無工衆生自造化吳淞人跪藏之

譽中樂器有留於樓者學士得隔檽捫揣之或為鐶
或似箏為洞簫而皆堅滑如玉石一日謂學士聞王
子所有佛道兩藏經可以十之一二來欲閱之經至
度之樓上下而羣真來則與師皆散閱有所解則取
吳箋以丹砂石青金粉標其略自二字至八字散置
帙中學士間從一寓目詑以為驚奇而衡遂戕身竊
讀之會有家宴諸姑姊入略取視亦不曉所謂甫出
而經之有標者數百卷皆失之學士憂叵測世貞亦

皇恐請罪師報曰爾何罪彼有所以致者雖然亦終
為爾物耳時世貞與學士謀買地城之西南隅少僻
而野有水竹之屬築數椽以奉上真而茅齋翼之冀
它日得謝喧以老師許之曰吾蛻而龕歸於是因署
其榜曰曇陽恬憺觀恬憺者師所繇成道指也署書
表裏作龍蛇二篆古雅鬱麗勢欲飛動遂為天下冠
其祠南面中二位曰觀世音教主也曰金母司仙籍
者也稍次而南者左即蘇元君上師也右即朱真君

李師也西嚮而首者即偶霞變導師也東嚮而首者
純陽呂公次西嚮者許鄭謝三公常與師談道者也
次東嚮者崔周鄒三仙娚師所旦夕麗澤者也其名
號位次皆裁自師手仲夏之十三日學士尚臥未起
師忽盛服冠玉佩劍揮麈侍於牀時所歷門距樓凡
七扃鑰猶故學士驚叩之師咲不答第云導我至大
父母所當有言至則先拜大父母已拜父母已拜家
廟行香祝禮封公怪詰曰何謂也師曰幸而道有成

聊以謝天地宗祠祖父母諸尊耳於是姑姊妹與家
親衆悉集乃復請於封公曰鄉者未敢言今願得一
至徐郎墓而辭焉封公嚄唶未許師跪移時不肯起
學士從傍史之乃許因密問師曰時至乎曰未也俟
畢謁上真而後行耳是月末朱真君以信約謁觀世
音大士大士召至榻前諭之曰汝冥心契道不負吾
解脫良哉毋久戀塵世也盖是時諸真畢集矣已而
謁元君真君於集道宮集道宮者即十真所恒會崔

仙妃司鑰焉而了不知何地四周皆雲氣環之上不覩日月而恒有光如晝其地無甓砌色正白潔潤不容唾棟柱亦不類竹木而螺文斜上糺錯可愛師既謁謝欵語移日惟時時呼天酒進之天酒亦曰天漿甘芬清滑不可名狀疑即前所用灑辟者也是日以靈蛇見靈蛇著師前是神送而識之攜以歸置樓之下室空書櫃中家人乍見怪之蛇馴伏不動而傍有片紙朱篆乃弗敢煞以告師師曰毋庸也是雖業蟲

而識不昧至是携謁集道宮叩首階下真君錫之名曰護龍而謂師可善度之異日法門力不淺師歸蛇復從而歸馴伏如故家人大小前狎蛇蛇亦伏師乃謂學士其伏者自為我耳性頗厲且嫉惡毋若狎者何於是謀置之新觀時觀猶未竟功中道蛇忽躍去不可即三夕復伏師前師嘆曰孰謂此蠢然而急於道乃不人若耶觀臨繁役者吾慮不及此乃龍而致之弇州園時世貞已浴罷暑憤出見謂曰若既受師

哉當皈正道護大法吾與交相勵可也毿嘖〻應者
再復龕而致之水洞五鼓跡之不得矣六月朔真君
之使來師以啟金母請見次日早使來致金母命俟
異日師忽忽不樂日下舂復有後命許以三日見而
世貞亦微聞師非久祭徐氏墓祭必以便道過謁觀
而後發觀甫成擬以月之四日奉大士金母元君真
君主祀而師已發不及聞師之集道宮所謁真君畢
乃以三日謁金母之一處四周皆積水白雲瀰瀰五

彩間發不辨天地中有宮闕宏麗光顯大約如集道宮而過之以為瑤池則似近豈其行宮也耶師待命久不得報傍徨於關門外者越宿踰日而真君至乃與羣真入師亦遂入真君前為師叙致始末師伏謁如禮金母降色慰勞曰子良苦何修而遂證此道也師起立羣真後觀金母狀貌非常端美然齒頗亦不畢而左右列女真數百人其傍侍女真亦數百人交相賀曰蓋一仙侶矣亦有舉手賀師者真君之前謁

金母金母為趣語師聽之閣若有及學士與世貞名
而弗甚悉它亦多秘弗傳左班之首曰毛夫人貌稜
稜可畏其三曰南真魏夫人師故所崇奉者乃前禮
夫人問何以見禮曰慕天真道久矣夫人莞然曰道
固有勝我者其棲師溫甚尋金母駕趣云報謁真君
於集道宮羣真從其下體皆五色雲擁之亦不見身
動而倏忽已達宮所坐定師復前謁金母乃顧左右
啓箱出黃色天衣一襲賜師衣如綾錦而不見鍼線

跡服之則隱衆稱體且曰以禦寒暑也及賜金鐲二色紫磨環鏤梵書十餘如印文故稱印鐲師拜賜歸以語學士極詳且曰今日早主入覲乎學士曰然師咲曰可矣而有未盡也兒以晡謁金母而仙姊從後来謂曰吾覩主之入覲而二弟子不手捧也學士大驚曰主臣有之為工先入之而不及捧也然則頃刻萬里矣師又言見金母謁大士甚恭大士為起延坐棲膝語咲欵欵真君與元君班皆首其謁金母坐大

士不坐云金毋亦十地菩薩化也或以為文殊又云嘗見一大比丘金色而天真僧道粧者數百千皆順首不敢仰視或以為釋迦世尊皆學士聞之師而不能悉何時與何地也至十日師謂學士可戒舟矣尋具服服如前其拜大父毋父毋亦如前封公復怪問曰嚮者以道成謝今胡謝也曰以謁徐墓辭徐墓往返不再舍胡辭也學士曰女子不輕出出或緐禮示鄭重耳十一日四鼓具縞素服御冠劒畢而真君與

諸真来送曰吾不復能就野次候若遠者可三月別
師再拜嗚咽而學士與子衡宿樓傍室覺異香及履
聲發俯伏候之師傳真君命召學士父子且致慰勉
忽傳呼曰看光未畢語而樓中通明如晝衡不覺失
聲曰大奇死可矣光遂滅飄環音亦漸高師乃乘竹
兜子抵觀於諸真前行禮其自鄭崔而下禮如兄姊
禮關將軍像如客而世貞與僧無心有始面謁以弟
子接釐欬無心有者即隆魁也師為易今名以示誨

遂與學士導至舟中它舟焚香問訊者不絕日旰抵直塘謁徐墓具蔬饌為祭出袖中朱符焚於爐前後行八拜禮已命弟衡誦祝文文凡上下篇皆古篆不可讀遂焚之立而四睇者食頃謂學士為我屏觀者觀者且百千人不可屏則又謂墓可宿乎曰榛莽未除剔也其傍有享室可憩乎則導之墓左享室入指庭之東北隅曰是佳地吾不歸矣遂以一氈據地而坐當是時吳淞人與朱淞人諸姑姊咸在或環之泣

或挽之使歸皆不動第云吾鄉者欲死而不得死今
者欲宿墓而又不可宿即勉不死而宿此非志矣而
何令我歸也則台世貞曰為我辭於家大人學士乃
又前謬屈師指而曰嗟乎吾女之為徐郎亦足矣今
既已成道而猶區區守匹婦諒為大過行是不名障
即愛緣耳何所稱道哉師太息曰父亦為是言乎兒
稚不學問徒以此一念為上真所憫錄幸而偶有成
而遽弁髦之則自食也且父所云太過者不則中庸

乎哉夫詭跡遷就而詑以爲圓通者父所夙惡也今乃舉以教兒何也學士乃謂世貞曰其言直奪之不祥師自是止宿一穜不復移足亦不令有所盖覆時暑方酷師暴烈日中夜則風露蚊蚋羣嘬之撫而咲曰吾不受若嘬者五載矣驟雨庭中潦幾尺許請徙席不可衣淋漓透肌肉或謂師力不可使不受嘬與暑雨侵乎師曰使我不受嘬與暑雨侵者何名苦顛也學士意不忍持之泣曰柰何而神尚不離色身而

摧剝之若是不虞病乎曰兒愧不能死死可也而暇病之虞師少不暫於貌既辟食則漸暫而中以鍊形稍示癠而黄其久暴風日中玉色益明瑩眉目益森秀而類徵豐肌體若凝脂學士每謂師體恒有異香雖椾檀沈腦不過也而其氣乃徵類松栢者時男婦狂走来請謁師一切謝絶之久而不能已於中衰女戚則稍見其重者尋歎曰此非平等法也乃又稍見其貧窶者誠者然不能得師語閒得一二語則中其

宿癖愧心往、自誓請洗改而他祈福利蠅集罷噪
示之微哂而已其善根以大小受予或香銀牌或麈
拂以至栢枝葉有病而乞栢枝葉煑水飲者輒愈則
謂師能愈病師曰吾豈巫尫醫跗耶時學士猶苦痁
師指謂吾有術而不先起吾父何也師以久次外家
屬有不便者且謂學士名高人或藉以譏之為不利
官相率毀師謂漸復食而謬憂其不能化去冀以搖
封公意而學士聞之恚甚師譬解曰仲尼聖人公伯

賫猶毀之大人恚毀者徒自苦不能使毀者苦而何刺促被計也八月望之前五夕忽以朱篆數字屬學士過我弇園而呼前蛇曰護龍護龍汝師且化矣可速來則復以龍賓水洞次日探之無少蹤也相與惆然曰是奚在且彼寧何渠能識古篆更二日而世貞造徐墓學士迎謂師有言蛇許我十五日早來三鼓大風雨異香發隱隱聞螺梵聲蛇至矣其始僅五尺餘至是可八尺圍亦倍於初師握之出蜿蜒庭中殊

自媮快也第目睛藍白無黑珠封公驟見之曰鉈乃
瞽者何也次日忽易白而青珠瞭然矣曰馴伏如禪
定者且不飲食亡何師以諸真之所標註經箋未盡
師之發家未三日而諸經之失者忽復在几學士以
報我矣至是云復得之上真世貞不勝喜躬視裝成
冊韜以古錦師聞而取視曰吾且以自隨終而物也
一日戲謂弟衡著欲我禪者化乎將道人化乎衡不
能對則又曰而知二氏之化而不知而儒者化夫乘

理而来乘理而去則三亿一也衡以語學士知有日
矣九月之二日密問學士龕成否重九吾期也世貞
乃促載龕而少叅君治栖亭室外爲蓆屋以待風雨
其又三日即氊所爲高坐召世貞等之稱弟子者若
而人女弟子亦若而人以後先見各有誨勵語質明
發八戒以授世貞使張之壁張厚德即摹梓之首愛
敬君親次戒止淫殺三憐恤孤寡四和光忍辱五慈
儉惜福六敬慎言語不談人過七不蓄讖緯禁書八

不信師巫外道及黃白男女之事讀者謂其嚴而端樸而要悉而弗苛淺而有深旨蓋生人之大紀備矣即老氏三寶佛氏五戒胡能踰也其日乃見諸薦紳先生四民緇黃以下至嬪孺可萬餘人明日復倍之其家後謁者出進學士及弟衡語甚詳唯世貞亦與焉睨學士火之忽淚交於睫世貞乃進曰非所望於吾師也遂止淚逆收上穆然而已其又明日具香案遙拜宗祖畢乃悉拜其大父母父母已北嚮拜曰吾

祔父在金陵也已復拜其族屬之尊者與諸姑姊已
拜其母屬之尊者已拜祭議君夫婦已與中外族屬
之敵者交拜乃復進學士再拜之曰吾道賴吾父而
就不敢忘也學士與朱淋人哭失聲夜三鼓謀與學
士偕之墓祭徐生而田中誦佛號者若鐲螗萬炬晃
朗又時相驚大仙出乃帕首由間道抵墓設祭畢忽
袖刀割右鬐於几曰吾以上真見度不獲死遺髭未
即朽不獲葬此鬐所以志也為我謝祭議君幸啟徐

郎之寃而祔之君子謂師之爲夫婦綱也蓋三示節而後成終歸戀真室西耳含命筆墨作書凡十餘紙自高猶未竟學士與朱渊人揃門而泣曰期以午且過而猶剌促人間事若何師聞之曰遲之俟午而後告我既告午師具浴竟易新衣之冠劍麈履如恒時出復與大父母以下揖而別時已預設几案三南向拜者四曰以酬天地西向拜者四曰酬吾師朱真君北向拜者四曰酬吾主却入龕料理所授衣物多

者出之亦有以授大母者復出龕握劍禹步三周
呼甌水楊枝灑之頤左右取靈蛇則以鐵籠盛蛇寘
龕門左亦以楊枝水灑之撫頂剌剌語著授戒者蛇
亦呀其口以待已閉龕盡解其黄冠八卦衣授封公
以其副授衆議君獨挽左髻披故衣復西向拜者再
蓋是時綿竹鄒仙姊来逕故也已西南向揖大母母
及諸女弟子謂大父胡不自媮快謂諸弟子毋退悔
又曰吾左髻曇陽風小仙吾行甚逍遥諸觀者亦羨

之耶則胡不早回首復屬學士與世貞愼啟閉柵口吾化後毋使男媍得近之遂入龕出所書遺教及辭世歌倡賛凡四紙以授封公及學士一紙以授世貞復命女僮傳語吾曇鸞菩薩化身也以欲有所度引故轉世耳左手結印執劍右手握麈尾端立而瞑闔柵外哭復張目曰毋哀也遂復瞑瞑半時許兩頰氣蒸蒸徵作紅潤色而亦少豐下而方以故貌師者其居平與化時少異師所自題有三山眉影珠目虎齒

方唇影珠目者每入定時兩睫以上各有光隱起若
珠其所可彷彿貌者眉耳時午晷垂欲昃二白虹長
亘天額憤觸搦枝水閃〻皆金沙又類列星劍頭火
大於升遠近皆見之又見二黃蝶自龕所盤旋久之
始去師歌有一雙蝴蝶空捫〻語咸以為慈應也又
踰時且閉龕世貞乃從諸弟子謁辭且泣且自矢而
師手劍忽挺起目微張肩以上隱〻動則已不人〻
股栗悚感也退而戕械紙所以訓敕勉厲者二百許

言洋洋乎陟降左右矣頃之移龕就視籠中蛇無有也籠口閉如故時檻以外三方可十萬人拜者跪者哭而呼師者稱佛號者不可勝記龕止享室中遠邇進香膜拜日夜纍纍不歇師化之旬有六日而見夢於學士曰呼王子來我欲有所言世貞乃馳而詣學士與抵足寢則皆夢師來凡再皆夢師來狀貌不可復覩而音聲琅然訓勑敦切其所以語世貞者微少於學士然亦骨肉父子不啻也惟云吾道無它奇澹

然而已嚮語若固靈根去嗜好薄滋味寡言語久而行之即不得毋厭倦稍有得毋遽沾沾喜自以為得則終弗得也吾今長去若矣雖然吾實不去若若與吾父左提右挈以從事大道毋負吾誓不舍吾父與若獨成也問曇鸞菩薩何人師默不應已而曰鄉姊迎我而以真君之命命我言久當自知之又問鮀何適曰鄉姊紬而歸靖廬矣非若曹肉眼所覩也前是學士以師甲戌遇道至道成而拜金母賜日有紀且

褒矣以示師師目而鐍之一日忽焚之學士乃不敢復言至是請曰而固不蘄名然柰何竟泯泯不一為學人地耶且今人間世務鉤隱爭怪不乏矣彼其逞臆於七寸之管者何限也師頷曰然奚為而可學士曰吾欲自傳之則避親欲王子傳之則避踈親則比踈則寡徵毋乃使王子傳之而吾具草可乎師復頷曰然學士泣世貞拜亦泣尋醒而與學士交相質無爽也又喻月而奉龕歸覲之明日世貞與諸弟子過

學士謁師成道處徘徊於庭而得師所鑿井歎曰惟學士與世貞得飲之世懋亦與沾焉而師今何在也詭下汲弟子十餘人人盡一蠡甚甘洌也家人從者就詭口之則餘水濁矣以視井井亦濁於是俱悚息再拜出學士爲封井而又旬日偶閱佛藏經得所謂曇鸞大師傳者大師未詳何氏雁門人十四遊五臺金剛窟有靈異感遂祝髮事浮屠注大集經未就屬羸疾乃歎曰欲求道而以危脆之軀承之計不亦左

哉於是習養生而聞江南陶隱居先生有仙藥方渡江謁梁武帝於重雲殿機鋒駿發立傾萬乘為傳之陶先生所盡與其方十卷後見三藏菩提流支悟而舍旃遂修西方十六觀精誠之極感異香滿空天樂從西來隱几而化魏宣武異之目之曰神鸞而為立碑紀德淨土文亦紀之夫鸞師化屈指至於師千十七年矣或往或來真不思議界也師生而專凝靜謐外若示不慧者而中實了了其始受書不盡二卷識

人間字十不能一二而既得度上真一切洞徹六經
子史趨走筆舌間無能窺所自它注故兩藏奧義往
往超然有獨得者即耆宿揔持弗逮也其持論恒依
倫物尤能察人情識常變學士雖冲虛負大人器而
剛腸疾惡每自恨不能藏汙垢如食在口必吐之師
委曲而劑其偏不調不止以故學士每謂世貞毋論
大道即事事吾良師友也師之從國子舍而見衡讀
論語亦取讀之曰異哉此何書將毋聖人言乎哉衡

曰論語也師曰我固知聖人言它人不辨也又舉中庸語學士天命之謂性一語而冐天下之道矣試為戳草一論毋作朱氏解也學士沮不敢下筆亦不敢重貿之至今以為恨又曰毋意毋必毋固毋我有味哉玆所以為孔子乎勿正勿忘勿助孟氏庶幾荷擔矣又曰道自和光入者乃真門也自無欲速修者乃真路也自不妄語始者乃真芽也貢高以求異名躐分以示異證況五欲海而托菩薩行彼哉彼哉學士

嘗從容求道師曰但於十二時檢點身心中過而已學士漫應曰覺未有過在師咲曰此一念即過也學士大愧服而無心有之讀宗鏡録學士過而掊南泉論六祖衣鉢公案令作數百許言以報師咲曰近矣而未也手一札示之大畧謂如來三十二相皆從無相得無相莊嚴皆由無心作心靜神凝自然之理然後可以當空逆火紅如血次聞獅子吼三聲纔得如意珠照破萬象森然所論衣鉢雖即心見道尚未見

道尚未見性成真無心有得之為汗下浹體三日不
能寢食里有蕭媼者故上虞丞與成婦年八十矣日
杜門誦佛書雖家人輩不知其異一日過師見餐栢
枝而笑曰是不食耶何必栢枝食耶何必不栢枝師
師遽棄之而呼媼與深語亡何媼以一封囊使遺師
師不發曰此別我也尋媼示微疾卒其體柔如兜羅
綿而師始發封果別語也後師神遊歸語學士近見
蕭媼是猶在修地也而初果證矣師之棲徐墓時薦

紳先生慕從者投戕於學士以希一言之規學士為從臾師度不容已則察其人可與言者而授之言其精若獅乳之散酪要若鳥號之破的毋不心折意飽而去其示管憲僉志道云上才學道心欲澹欲死欲愚夫道者知學絕學善用無為以誠而入以默而守示趙檢討用賢云行人所難行是男子事忍人所難忍是聖賢事道人曾記父母未生前遺下玄珠即今霜降水落時任君自覓示瞿太學汝稷云心死欲生

心生欲死既死既生欲不死不生古人千篇文字今人證在何處亦屠青浦云大美無美至言無言君直道多聞道之所不弁亦道之所不載智者不自知知之不言言之不文即此道機也亦沈修撰懋學云人道修身聖道修神神在身中以有情為運用以用情不用為修持凡好名好事交際往来分别是非一切種種揔持善趣亦屬塵縁亦張貢士厚德云欲了生死先了此心無欲無為即心即道亦張茂才定安云

太上無生次達生次貴生次伐生而寂後貽書別家
弟寓副世懸寂詳其大要謂道包天地離有無不出
諸之一字存其實則務匿其名自信篤不論人未信
既承道門印可便當專志凝慮以待機緣之至向人
且勿言色且勿動若愚若昏和光混俗而內念凜凜
常如帝師對面乃真學道者也又云吾行之後為官
求道俱不可着一分濃豔氣嗚呼知言哉是數君子
者世所稱賢貴知名長者也其齒即最少亦視師倍

皆壯面順風而稱天師千里之內有及弟子籍有不及者至於今踵門未既也師初不為書既書而八法儼然超灑自得時時在山陰永興堂室間至於苦篆則倉頡以至碧落陽冰近七十體而天圓采陽之類出」自三元八會者不與焉每謂學士兒篆法受之崔姊然僅一習獨飛白至再習為崔姊所咲世貞故嗜法書嘗見師篆而悅之頗出篋中佳紙墨求書師既許而謂學士彼柰何不好字義好字跡不敬心師敬

經師以該世貞不敢數〻請而所書金字心經性命三十二體以貽世貞及如來七十二字陰符諸經留學士者吾不知三目老翁如何於籀斯大徑庭矣學士間謂師何所受書與文義所由解師曰此皆妙明中物唯靜而無欲者能一以貫之師所教人習金剛心經黃庭內景道德陰符以為身心要調恭同悟真不言黃白男女而諸解者流而為黃白男女以惧世人故於八戒未忘之而不亟〻令人受以此

王世貞曰余嘗讀真誥覩南嶽紫微諸真所周還司命楊君著庶幾與師遘將然彼不晝日見見不令它人跡之而其語僅口受至楊君乞一真文之書而不可得乃又屢屢身中事而已於竺乾聖諦了無涉也禪者言性而不及命玄者言命而不及性儒者言有而不及無至於末季著讐矣瑣瑣者借世法而符籙之竊世蠱而服食之欲以是超世而垂不朽抑何蠡管測也淨明依忠孝悟真趣禪那祖庭及中庸鼠竅

為鯖五侯馬雖然猶不能無芥蔕閡也若乃謦欬帝
真跆籍塵滓光顯博大精徹要眇悟性至命並行不
悖如洪河飲如甘露濯方外得之以凋三光方內得
之以維九有則舍我師奚適哉夫鸞鳥師之在困地亦
遼邈矣忽往忽來屈伸臂頃以是知吾先生之語毋
誑也不然而我阿那婆羅吉低輸胡以降至尊而喋
喋濁世哉學士謂世之操觚翰以求從事師者非鮮
吾紀之十不能一臆也畧矣然而不敢誣也世貞則

曰奉師誨無務文其言令傳之陋矣然而不敢飾也夫不敢飾不敢誣以偶有傳而後之志道者縮縮如有循庶可以報師一領也已

書曇陽子傳後

自昔思理淹通之士危言不乏而神銳之用尠聞薰修冲舉之賢示蹟雖奇而弘闡之宗未妙專門者闕和會之旨汎覽者遠徹悟之途然而飾情綺語文士或騁其形容選勝法門異域猶疑於影響是以六合之外千載以來每謂空談未究實境若我曇陽大師通極性命會三教精證印聖師為五陵主豈非參同妙徹光大幽深我震旦之至盛至

盛者歟世懋久溺迷途早涉衰境述職之日病幾不生頗感異夢雅志玄宗疑而遇我師棲引許以掃除尋棒欃豫章絕跡函丈遂不及於涅槃之會我師至仁無相不棄衆生諄付遺言挽之異趣歸自休沐獲奉靈蹤屬家兄元美以元馭太史之述草師全傳萬五千言爰命世懋書而鋟梓欣然執後不日成書是編也出或恐四方之士疑於左氏於戲我師妙理六通神變萬出即家人父子總持

之力維艱習氣文人潤色之功安措但虞掛漏寧
患浮誇矧夫天真地重妄語戒嚴惴惴門士而欲
加貲一辭寧惟力所不能抑亦濫所不敢至乃居
士緇流涉獵內典觀斯靈異未生信心或認楞嚴
想陰之旨妄臆飛精十種之魔懋雖寡聞請畢其
說夫天魔附口始倂貪求婬欲潛行終毀儀律夫
然故魔是虞也若使初發神通終無毀破何聖魔
之可別乎故知涅槃之智無餘金剛之體不壞惟

其真而已矣凡我在會勝流以及十方同志若能
破想陰之解祛寓言之惑伸其呫囁見之羹墻即
心即道又何必印可師門而後稱王喆哉

瑯琊王世懋譔

新鐫仙媛紀事第九

錢塘雉衡山人楊爾曾輯

劉香姑

劉香姑者其先浙之慈谿人嘉靖丙辰父廷試避倭入京考中文華殿中書母羅氏夢五色雲自天擁一絳衣女降其家遂孕凡十月異香氤氳不絕復夢白衣母送女來癸亥冬女生生後香益甚遂名香姑姑貌端肅辯慧異常而孝敬自其天性住舊蓮子衚衕

幼時偶出迷道由衛營歷中街賴白衣母抱至其家關門忽失母所在然自週歲至十齡無歲不病劇亦嘗魘狐鬼祟皆賴觀音菩薩救濟得解母問菩薩何狀曰戴珠冠著袈裟手持鐵鞭鞭以擊丘壟小鬼者其為祟者也病時嘗合掌胷前高叫菩薩菩薩不絕母問之曰菩薩教我如此如此忽于二月十九日問母曰今非菩薩誕日乎曰然語未畢異香勃發姑頓顏作迎神狀已復作送神狀知為菩薩來也趨視几

黄玉林

壁皆成甘露著粟顆曰此菩薩所洒楊枝鉢中水也
甲戌姑年十一病忽大作謂母曰菩薩今日來見去
矣見無所戀戀兩親耳涕泣不止舉家大號已命浴
浴罷自綰過橋髻着羅雲履常服之外加白道袍黃
絛而已手執小角扇徧拜兩親諸戚而異香發門外
知爲菩薩來趺坐室側凝然而逝顏益異如明珠丹
砂而膚香烈如檀麝家人方舉哀而兄忠儼自山西
歸至曰儼方晝寢見姑來別我曰二兄努力功名妹

去矣故奔來明日巽順城門外大光明寺傍母亦多
病每病呼姑桃畔輒香發而姑至病輒已自是姻婭
葭莩遠在千里下逮臧獲凡有危殆呼姑姑必佑庇
皆有事實不可枚舉甲戌又以賃房與吳江沈進士
寧菴而尚未及還姑龕是夜沈僕宿廳上見羣姬扣
門直入談笑以為劉眷耶而服飾容貌皆非人間有
疑之蓋其仙女會香姑也明日迎龕歸恕白崔入龕
內人皆駭視之崔復去墮有一毛皎潔如雪而緞其

端如赤霞所謂白鸚哥非耶既為仙女臨凡而復多
病又復窘鬼豈阨數既定仙聖不免乎胡玉林寫姑
像無據姑愬于夢中現身故援筆立就宛、為姑焉
其異皆類此

玉灘仙女

永豐玉灘有村民黃姓業版築暇則捕魚一日携魚
婦道逢三豔婦變姍行以為大家婦避道左婦顧謂
將魚來取錢民隨之逾大松嶺至其家爾日留款遂

成居室忽思家歸尚為人板築自是往來如常七八年顏色豐腴絕食不飢亦常持其華衣美食歸則烏有人與偕往至半道失民所在其家綴長線于其身以觀其所往線自門隙出無礙至曠野遶樹而止萬曆丙戌往始不歸意必仙去矣

苟仙姑

苟仙姑名正覺其始祖嘉州威遠人父商于枇源遂家焉仙姑甫笄已適石門陳文鏊已何歸寧入觀國

山擷野蔬遇老婦取葉餌之覺異歸感疾若魘者父
招黃姑為解姑忽起與黃冠談二乘于是遠近聞者
輻輳皆來視仙姑座中有縫衣仙姑又與縫衣談經
史人益異之是時仙姑已辟穀日飲水間茹棃粟耳
入居丹霞洞會武陵　榮王澧　華陽王為仙姑建
玉皇閣成而里人又爭為姑結庵其後復移居之仙
姑談休咎驗若合符來者雲蒸霞湧軒蓋裘馬連絡
不絕深山險道邸舍不備但能舍客逢茅遽爾長價

菰米蓴鹽露積莫可收貯以食緇黃貧者任其囊括去明日復大盈焉仙姑與客談客皆心知之而皆自喜去久之仙姑頗厭惡嚚囂雜忽不言日夜唯閉關梵誦人不得見以是來者漸少間有薦紳淹綿頂禮必欲一見仙姑始見之即言亦為隱語絕不談休咎惟勸人為善勿為惡此為進修橐籥或令人冥心思過懺悔真切積善以勝之庶有解脫如斯而已隱語久而始驗傳在口吻不暇臚列仙姑侍者為華陽一老

宮人及一女道士為仙姑姪女道士所事為聖母仙姑亦謂始在觀國山所遇老母即聖母故皆塑像敬祠之聖母者貞觀中有女周氏偶獨處而僧來假宿女弗許僧强焉曰出則入虎狼腹矣其何忍女令詣後庵柴棚中暫憩乃女父兄皆業採割夜歸女以為言二人即操刀往柴棚宰僧而僧忽作神呪反制二人手足若桎梏不能動二人大懼祈免願捨宅為寺壯面受法焉僧始釋之即其家起法壇頓成叢林說

法濟度厥法弘著是爲奕山禪師而女盡受奕山之
法是爲聖母凡湘洞間家所祀皆禪師聖母也山林
靈秘醞釀龐情第一出神仙而仙統所自有緣矣丁
太學將謁選問于仙姑仙姑不應太學强欲指迷仙
姑曰不必問我君家堂上人齒高矣即膴仕可無棄
劉貲郎蒖爾太學竟謁選領郡幕聞訃匿爲買舟之
任不數里怪風起一家六口皆葬魚腹易明經任某
邑令毋死詭言妻母死置柩寺中治事如故或微有

嫉之者大懼而在家夙事仙姑因貽書問官途休咎
仙姑亦弗答無何令暑月坐大樹下毒蛇自樹躑盤
頭上囓死仙姑勸人勿為惡每舉此為語端云

仙媛紀事補遺

炎帝少女

赤松子神農時雨師服氷玉教神農能入火不燒至崑崙山常止西王母石室中隨風雨上下炎帝少女追之亦得仙俱去高辛時為雨師間遊人間

賈氏

滮義吳郡人學道蜀中善醫一心救人功德感天周赧王十年老君遣使召與妻賈氏共載授義碧落侍

郎白日昇天

劉瑤英

劉仙姑名瑤英石城人秦末隨父華避亂琉璃山因食異菓遂絕粒漢興出山容貌稍異人見而惡之遂遠去縣西二十里有山峭拔幽邃困獨棲其上常跨一白鶴往來後竟白日浮空而去

瞿夫人

瞿夫人豫章人隋末兄為辰州刺史有黃元仙者自

豫章來刺史素高其行以夫人妻之復薦其才德以自代隋亡乃棄官與夫人隱于州西之羅山貧甚為人傭織以養其姑如此者十年一日忽謂元仙曰昨有帝命當與君別矣俄化為青氣數丈騰空而去

許明恕婢

許明恕婢咸通十二年嘗逐伴入山採樵一日獨於南山中見一人坐石上食桃甚大問婢曰汝許明恕家婢耶婢曰是曰我即明恕之祖許宣平也婢曰嘗

聞家内說祖翁得仙無由尋訪宣平因謂婢曰汝歸為我問明恕道我在此山中與汝一桃即食之不得將出山、神惜此桃且虎狼甚多也婢食之甚美須臾而盡乃遣婢隨樵人歸婢覺樵擔甚輕到家具言入山逢祖翁宣平明恕怒婢呼祖諱取杖擊之其婢隨杖身起不知所逝后有人入山見婢童顏遍身衣樹皮行疾如飛入深林不見

韋恕女

張老者揚州六合縣園叟也其隣有韋恕梁天監中自揚州曹掾秩滿而來長女既笄召里中媒媼令訪良才張老聞之喜而候媒於韋門媼出張老固延入且備酒食酒闌謂媼曰聞韋氏有女將適人求良才於媼有之乎曰然曰某誠衰邁灌園之業亦可衣食幸為求之事成厚謝媼大罵而去他日又邀媼媼曰叟何不自度豈有衣冠子女肯嫁園叟耶此家誠貧士大夫家之敵者不少顧叟非匹吾安能為叟一杯

酒乃取辱於韋氏叟固曰强爲吾一言之言不從即吾命也媪不得已冒責而入言之韋氏大怒曰媪以我貧輕我乃如是且韋家焉有此事況園叟何人敢發此議叟固不足責媪何無別之甚耶媪曰誠非所宜言爲叟所逼不得不達其意韋怒曰爲吾報之今日内得五百緡則可媪出以告張老乃曰諾未幾車載納于韋氏諸韋大驚曰前言戲之耳且此翁爲園何以致此吾度其必無而言之今不爨移時而錢到

當如之何乃使人潛候其女女亦不恨乃曰此固命
爭遂許爲張老既娶韋氏園業不廢負穢鋤地鬻蔬
不輟其妻躬執爨濯了無怍色親戚惡之亦不能止
數年中外之有識者責恕曰居家誠貧隣里豈無貧
子弟柰何以女妻園叟既去之何不令遠去也他日
恕致酒召女及張老酒酣微露其意張老起曰所以
不即去者恐有留戀今既相猒去亦何難某王屋山
下有一小莊明旦且歸且天將曉来別韋氏他歲相

思可令大兄往天壇山南相訪遂令妻騎驢戴笠張老策杖相隨而去絶無消息後數年怨念其女以為逢頭垢面不可識也令長男義方訪之到天壇山南適遇一崑崙奴駕黃牛耕田問曰此有張老家莊否崑崙投杖拜曰大郎子何久不来莊去此甚近某當前引遂與俱東去初上一山山下有水過水延綿凡十餘處景色漸異不與人間同忽下一山見水北朱戶甲第樓閣參差花木繁榮煙雲鮮媚鸞鶴孔雀徊

翔其間歌管嘹喨耳目崑崙指曰此張家莊也韋驚
駭不測俄而及門門有紫衣人吏拜引入廳中鋪陳
之物目所未覩異香氛氲遍滿崖谷忽聞環珮之聲
漸近二青衣出曰阿郎來次見十數青衣容色絕代
相對而行若有所引俄而一人戴遠遊冠衣朱綃曳
朱履徐出門一青衣引韋前拜儀狀偉然容色芳嫩
細視之乃張老也言曰人世勞苦若在火中身未清
涼愁焰又熾固無斯須泰時兄久客寄何以自 如賢

妹略梳頭即當奉見因揖令坐未幾一青衣來曰娘子已梳頭畢遂引入見於堂前其堂沉香為梁棟玳瑁帖門碧玉窓具珠箔階砌皆冷滑碧色不辯其物其妹服飾之盛世間未見略序寒暄問尊長而已意甚鹵莽有頃進饌精美芳馨不可名狀食訖館韋於內廳明日方曉張老與韋氏坐忽有一青衣附耳而語張老笑曰宅中有客安得暮止因曰老拙暫遊蓬萊山賢妹亦當去然未暮即歸兄但憩此張老揖而

入餓而五雲起于中庭鸞鳳飛翔絲竹并作張老及妹各乘一鳳餘妓乘鶴者數十人漸上空中正東而去望之已沒隱〻有音樂之聲韋君在莊小青衣供侍甚謹迨暮稍聞笙篁之音倏忽復到乃下于庭張老與妻見韋曰獨居太寂寞然此地神仙之府非俗人得遊以兄宿命合得到此然亦不可久居明日當奉別耳及時妹復出別兄慇懃傳與父母而已張老曰世遐遠不及作書奉金二十鎰并與一故席帽曰

兄若無錢可於揚州北邸賣藥王家取一千萬貫持此爲信遂別復令崑崙奴送出却到天壇崑崙奴拜別而去韋自荷而歸其家驚訝問之或以爲神仙或以爲妖妄不知所謂五六年間金盡欲取王老錢復疑其妄或曰取許錢不持一字此帽安足信既而困極其家强進之曰必不得原何傷乃徃揚州入北邸而王老者方當肆陳藥韋前曰叟何姓曰姓王韋曰張老令取錢千萬持此席帽爲信王老曰錢即實有

帽是乎韋前曰叟可驗之豈不識耶王老未語有小女自青布幃中出曰張老嘗過令縫帽頂其時無皂線以紅線縫之線色手跡皆可自驗因取看之果是也遂得錢載而歸乃信真神仙也其家又思女復遣義方往天壇尋之到即千山萬水不復有路時逢樵人亦無知張老莊者悲思浩然而歸舉家以為仙俗路殊無相見期又尋王老亦去矣後數年義方偶過揚州而行北邸前忽見張老崑崙奴前拜曰大郎家

中何如娘子雖不得歸知日侍左右家中事無巨細莫不知之因出懷中金十斤以奉曰娘子令送與大郎君阿郎與王老會飲于此酒家大郎且坐崑崙當入報義方立於酒旗下日暮不見出乃入觀之飲者滿坐、上並無二老亦無崑崙奴取金視之乃真金也驚嘆而歸又足供數年之食後不復知張老所在

仙尼淨秀

比丘尼釋淨秀本姓梁氏安定烏氏人也其先出自

少昊至伯翳佐禹治水賜姓嬴氏周孝王時封其十六世孫非子於秦其曾孫秦仲為宣王侯伯平王東遷封秦仲少子於梁是為梁伯漢景帝世梁林為太原太守徙居壯地烏氏遂為郡人馬自時厥後昌胤阜世名德交暉蟬冕疊映漢元嘉元年梁景為尚書令少習韓詩為世通儒魏時梁爽為司徒左長史秘書監博極羣書善談玄理晉太始中梁闡為涼雍二州刺史即尼之迺祖也闡孫鵠晉范陽王虓驃騎參

軍事漁陽太守遭永嘉蕩析淪於偽趙為秘書監征
南長史後得還晉為散騎侍郎子疇字道度征虜司
馬子粲之仕宋征虜府參軍事封龍川縣都亭侯尼
即都亭侯之第四女也挺慧悟於曠劫體妙解於當
年而性調和綽不與凡孩同數弱齡便神情峻徹
非常童稚之伍行仁尚道洗志法門至年十歲慈念
彌篤絶粉黛之容棄錦綺之翫誦經行道長齋蔬食
年十二便求出家、人苦相禁抑皆莫之許於是心

何好大者　五卓幸居

祈冥感專精一念乃屢獲胎祥並降瑞相第四迹超

獨為先覺闢譬內外故雅操獲遂上天性聰叡幼而

超羣年至七歲自然持齋家中請僧行道聞讀大涅

槃經不聽食肉於是即長蔬不噉二親覺知若得魚

肉輒便棄去昔有外國普練道人出於京師往來梁

舍便受五戒勤翹奉持未嘗違犯日夜恒以禮拜讀

誦為業更無餘務及手能書常自寫經所有財物唯

充功德之用不營俗好少欲入道父母為障遂推流

歲月至年二十九方獲所志落髮青園服膺寺主上
筆師虔孝先意承旨盡身竭力猶懼弗及躬修三業
夙夜匪懈僧使衆後每居其首精進劬勤觸事關涉
有開士馬先生者於青園見上即便記云此尼當生
覺寧天也又親於佛殿內坐禪同集三人忽聞空中
有聲狀如牛吼二尼驚怖迷悶戰慄上㦗然自若徐
起下牀歸房執燭檢聲所在旋至构欄二尼便聞殿
上有人相語云各自避路其甲師還後又於禪房中

坐伴類數人一鼾眠此尼於睡中見有一人頭屈于屋語云勿驚某甲師也此尼於是不敢復坐又以一時坐禪同伴一尼有小緣事暫欲下牀見有一人指掌止之曰莫撓某甲師於是閉氣徐出歎未曾有如此之事比類甚繁既不即記悉多漏忘不得具載性愛戒律進止俯仰必欲遵承於是現請曜律師講内自思惟但有直一手心中憂慮事不辨夜即夢見鷄鵲鵶鴿雀子各乘車車並安軒車之大小還稱可鳥

形同聲唱言我匙其甲尼講去既審歡喜知事當成
及至就講乃得七十檀越設供果食皆精後復又請
額律師開律即發講日清淨甖水自然香如水園香
氣深以為欣既而坐禪得定至於中夜方起更無餘
伴便自念言將不犯獨即諮律師律師答云無所犯
也意中猶豫恐違失且見諸寺尼僧多有不如法乃
喟然歎曰嗚呼鴻徽未遠靈緒稍隤自非引咎責躬
豈能導物即自懺悔行摩那埵於是京師二部莫不

咨嗟云如斯之人律行明白規矩應法尚爾思懲何
況我等動靜多過而不慚愧者哉遂相率普懺無有
孑遺又於南園就穎律師受戒即受戒日淨罷水香
還復如前青園諸尼及以餘寺無不更受戒者律師
雖是亦次第詣寺敷弘戒品闡揚大教故憲軌遐流
迄屆于今穎律師又令上約語諸寺尼有高林俗服
者一切改易上奉音制勤無不祗承律藏之興自茲
更始後又就三藏受戒清淨水香復如前不異青園

徒衆既廣所見不同師已遷背更無覲侍於是恩別
立住處可得外纖聖則內窮宴默者以宋大明七年
八月故黃脩儀南昌公主深崇三寶敬仰德行初置
精舍上麻冬弟温藿食忘飢躬執泥瓦盡勤夙夜以
穿泰始三年明帝賜號曰禪林蓋性好閑靜冥感有
徵矣而制龕造像無不畢備又寫集衆經皆令具足
裝潢染成悉自然有婆羅伽龍王兄弟二人現迹彌
日不滅知識往來並親瞻覩招納同住十有餘人訓

化獎率皆令禪誦每至奉請聖僧菓食之上必有異
迹又於一時虔請聖衆七日供養禮懺始訖攝心運
想即見兩外國道人擧手共語一云呿羅一云毗呿
羅所著袈裟色如桑椹之熟因即取泥以壞衣色如
所見彼於是遠近尼僧竝相倣斆改服間色故得絶
於五大之過道俗有分者也此後又請阿耨達池五
百羅漢日日凡聖無遮大會已近二旬供設既豊復
更請罽賓國五百羅漢足上爲千及請凡僧還如前

法如過一日見有一外國道人衆僧悉皆不識於是試相借問自云從罽賓國來又問來幾時答云來此一年也衆僧覺異令人守門觀其動靜而食畢乃於寀林門出使人逐視從寀林門去行十餘步奄便失之又嘗請聖僧浴器盛香湯及以雜物園而禮拜內外寂默即聞器稀杓作聲如用水法意謂或是有人出便共往看但見水杓自然搖動故知神異又曾夜中忽見滿屋光明正言已曉自起開戶見外猶闇即

更閉戶還牀復寢久〻方乃明也又經違和極篤忽自見大光明遍於世界山河樹木浩然無礙欣爾獨笑傍人怪問具陳所見即能起行禮拜讀誦如常無異又於一時復違和亦甚危困忽舉兩手狀如捧物語傍人不解問言為何所捧答云見寶塔從地出意欲接之幡花伎樂無非所有於是疾恙豁然而除都無復患又復違和數日中亦殊綿惙恒多東向視合掌向空於一時中急索香火移時合掌即自說云見

彌勒佛及與舍利弗目連等諸聖人亦自見諸弟子數甚無量滿虛空中須臾見彌勒下生廻頭未城云有人持旛華伎樂及三臺來迎於此上旛華伎樂非世間比半天而住一臺已在半路一臺未至半路一臺未見但聞有而已爾時已作兩臺爲此兆故即更作一臺也又云有兩樹寶華在邊人來近床語莫壞我華自此之後病即除損前後遇疾恒有瑞相或得涼風或得妙藥或聞異香病便即愈疾瘥之爲理都

以漸豁然而去如此其數不能備記又天監三年一
夏違和於晝日眠中見虛空藏菩薩即自圍繞誦唄
唄聲徹外眠覺所患即除又白日臥開眼見佛入房
幡蓋滿屋語傍人令燒香了自不見上以天監五年
六月十七日得病苦心悶不下飲彭城寺令法師以
六月十九日夜得夢見一處謂是兜率天上住止嚴
麗淅世間比言此是上住處即見上在中於是法師
有語上上得生好處當見將接上是法師小品禮越

勿見遺棄上即答云法師丈夫又弘通經教自應居
勝地菓甲是女人何能益法師又云不如此也雖為
丈夫不能精進持戒不及上時體已轉惡與令法師
素踈不堪相見病既稍增飲粥日少為治無益漸就
綿惙至七月十二日爾時天雨清涼悶勢如小退自
云夢見迎來至佛殿西頭人人捉旛竿猶車在地旛
之為理不異世間隊擔鼓旗旛也至二十日便絕不
復進飲粥至二十二日令請相識衆僧設會意欲尒

別至二十五日云見十方諸佛遍滿空中至二十七
日中後泯然而臥作兩炊久方復動轉自云上兜率
天見彌勒及諸菩薩皆黃金色上手中自有一琉璃
清淨甖可高三尺許以上彌勒即放光明照于上身
至兜率天亦不見飲食自然飽滿故不復須人間食
也但聞人間食皆臭是以不肯食於彼天上得波利
擬將還意欲與令法師有人問何意將擬去答云欲
與令法師是人言令法師是人中果報那得食天上

食不聽將去既而欲見令法師閑居上爲迎法師來相見語法師可作好菜食以餉山中坐禪道人若修三業方得生兜率天耳法師不坐禪所以令作食餉山上道人肴欲使與坐禪人作因緣也自入八月體中亦轉惡不復說餘事但云有三十二童子一名功德天二名善女天是迦毗羅所領軀來在左右與我驅使或言得人餉飲食令衆中行之復云空中晝夜作伎樂閙人耳也

嵩岳仙姬

三禮田璆者甚有文通熟羣書與其友鄧韶博學相類皆以人昧不能彰其明家于洛陽元和癸巳歲中秋望夕携觴晚出建春門期望月於韶別墅行二三里遇韶亦携觴自東來駐馬道周未決所適有二書生乘驄復出建春門揖璆韶曰二君子挈榼得非求今夕望月之地乎某敝莊水竹臺榭名聞洛下東南去此二三里儻能迂轡蹔展傾蓋之分耳璆韶甚愜

所望乃從而往問其姓氏多他語對行數里程輪已
界至一車門始入甚荒凉又行數百步有異香迎前
而來則豁然真境矣飛泉交流松桂夾道奇花異草
照燭如晝好鳥騰翥風和月瑩璆韶請疾馬飛觴書
生曰足下檯中厭味何如璆韶曰乾和五酘雖上清
醍醐計不加此味也書生曰某有瑞露之酒釀於百
花之下不知與足下五酘孰愈耳謂小童曰折燭夜
一花傾與二君子嘗其花四出而深紅圓如小瓶徑

仙媛九卷

十三吉、玄天

三寸餘綠葉形類盃觴之有餘韻小童析花至傾于竹葉中凡飛數巡其味甘香不可比狀飲訖又東南行數里至一門書生揖二客下馬命以燭夜花中之餘賚諸從者飲一盃皆大醉各止於戶外乃引客入則有鸞鶴數十騰舞來迎步而前花轉繁酒味尤美其百花皆芳香壓枝於路傍凡歷池館臺榭率皆陳設盤筵若有所待但不留璆韶坐璆韶飲多行又甚倦請暫憩盤筵書生曰坐亦何難但不利於君耳璆

韶詰其由曰今夕中天羣仙會於玆岳嘉君神魄不離腥羶請以知禮導昇降此皆諸仙位坐不宜塵觸耳言訖見直北花燭亘天簫韶沸空駐雲母雙車於金堤之上設水精方盤於瑤幄之内羣仙方奏霓裳羽衣曲書生前進請命再拜夫人夫人褰帷笑曰下域之人而能知禮然服食之氣猶然射人不可近他責婿可各賜薰髓酒一杯璆韶飲訖覺肌膚溫潤稍異常人噓吸皆異香氣夫人問左右誰人名來曰衛

侍御李八百夫人曰便令此二童接待於是二童引璆韶於羣仙之後縱目璆問曰相者誰曰劉綱侍者誰曰茅盈東隣女彈箏擊筑者誰曰麻姑謝自然幄中坐者誰曰西王母俄有一人駕鶴而來王母曰久望有玉女問曰李生來未於是引璆韶進立於碧玉堂下左劉君笑曰適緣蓮花峯士奏章事須決遣尚多未來容何言久望乎王母曰奏事章者有何所為曰論浮梁縣令李逈年以其人因賄賂履官途以苛

虐為官政生情於簽牘忠恕之道蔑聞唯雄於貨財巧僞之計更作自貽覆餗以促餘齡但以蓮花峰叟猶從於人奏章甚懇特紓死限量延五年璆閤劉君誰曰漢朝天子續有一人駕黃龍戴黃旂導以笙歌從以嬪嬙及瑤幄而下王母復問曰李君來何遲曰為敦龍神設水旱之計作瀰淮蔡以殲妖逆漢主曰柰百姓何曰上帝亦有此問予一表斷其惑矣曰可得聞乎曰不能悉記略舉大綱耳其表云其孫其克

攜丕基德洽兆庶臨履深薄匪敢怠荒不勞師車平中夏西蜀之孽不費天府掃東吳上黨之妖九有已見其朗清一方尚屯其氛侵伏以殘蠻肆毒痛于淮蔡豺狼尚惜其口喙螻蟻猶固其封疆若遣時豐人安是稔羣醜但使年饑癘作必搖人心如此倒戈而攻可以席捲禍三州之逆黨所損至微安六合之疾毗其利則厚伏請神龍施水癘鬼行災由此天誅以資戰力漢主曰表至嘉第既允許可以前賀誅鋤矣

書生謂瑤詔此關元天寶太平之主也未頃聞簫韶自空而下執絳節者前唱言穆天子來奏樂羣仙皆趍王母避席拜迎二主降階入幄環坐而飲王母曰何不拉取老軒轅來曰他今夕主張月宮之讌非不勤請耳王母又曰瑤池一別後陵谷幾遷移向來觀洛陽東城已丘墟矣定鼎門西路忽焉復新市朝云改名利如舊可以悲歎耳穆王把酒請王母歌以珊瑚鉤擊盤而歌曰觀君酒為君悲且吟自從頻見市

朝改無復瑤池宴樂心王母持盃穆天子歌曰奉君酒休歎市朝非早知無復瑤池興悔駕驊騮草〻還歌竟與王母話瑤池舊事乃重歌一章云八馬迴乘汗漫風猶思停駕懸昭宮宴移玄圃情方洽樂奏鈞天曲未終斜漢露凝殘月冷流霞盃泛曙光紅崑崙迴首不知處疑是酒酣清夢中王母酬穆天子歌曰一曲笙歌瑤水濱曾留逸足駐征輪人間甲子周千歲靈境盃觴初一巡玉兎銀河終不夜奇花好樹鎮

長春備知穆滿饒詞句歌向俗流疑悞人酒至漢武帝王母又歌曰珠露金風下界秋漢家陵樹冷修修當時不得仙桃力尋作浮塵飄壠頭漢主上王母酒歌以送之曰五十餘年四海清自親丹竈得長生若言盡是仙桃力看取神仙簿上名帝把酒曰吾聞丁令威能歌命左右召來令威至帝又遣子晉吹笙以和歌曰月照驪山露泣花似悲先帝早昇遐至今猶有長生鹿時遶温泉望翠華帝持盃久之王母曰應

須臾葉靜能來唱一曲當時事靜能續至曉獻帝酒
復歌曰幽薊煙塵別九重貴妃湯殿罷歌鍾中宵扈
從無全仗大駕蒼黃發六龍妝匣尚留金翡翠暖池
猶浸玉芙蓉荊榛一閉朝元路唯有悲風吹晚松歌
竟帝悽惏良久諸仙亦惏然於是黃龍持盃立於車
前再拜祝曰上清神女玉京仙郎樂此今夕和鳴鳳
凰鳳凰和鳴將翱將翔與天齊休慶流無央仙郎即
以鮫鮹五千疋海人文錦三千端琉璃琥珀器一百

蔴明月驪珠各十斛贈奏樂仙女乃有四鶴立於車
前戴仙郎并相者侍者兼有寶花臺俄進法膳凡數
十味赤露及璆韶璆韶飫飽有仙女捧玉箱托紅牋
筆硯而至請催粧詩於是劉綱詩曰玉為質兮花為
顏蟬為鬢兮雲為鬟何勞傅粉兮施渥丹早出娉婷
兮縹緲閒於是茅盈詩云水晶帳開銀燭明風搖珠
珮連雲清休匀紅粉飾花態早駕雙鸞朝玉京巢父
詩曰三星在天銀漢迴人間曙色東方來玉箏　爰蕭

亦宜夜莫使一花衝曉開詩既入內有環珮聲即有玉女數十引仙郎入帳召璆部行禮禮畢二書生復引璆部辭夫人夫人曰非無至寶可以相贈但兩力不任携挈耳各賜延壽酒一盃曰可增人間半甲子復命衛符卿等引還人間無使歸途寂寞於是二童引璆部而去折花傾酒步步惜別衛君謂璆部曰夫人白日上昇驂鸞駕鶴在積習而已未有積德累仁抱才蘊學辛不享爵禄者吾未之信儻吾子塵牢可

踰俗極可脫自今十五年後待子於三十六峰願珍重自愛後出來時車門握手言別別訖行四五步杳失所在唯見嵩山嵯峨倚天得樵徑而歸及還家已歲餘室人招魂葬於北邙之原墳草宿矣於是璆韜捐棄家室同入少室山今不知所在

書仙媛紀事後

九丹以石道妙秘于琅函六艸五芝靈種孕乎金窟天琴夜下紺馬朝翔火內拔蓮空中生樹玻黎爲景行雲布形編而霧窟傳靈星奇逸史來有搜瓊以緗縹帙以博披奉仙瑤函

儀而賦列者也愛泥蓮閣採擷前
芳紀鐵仙緣紀綠後摘紀題絳簡
冥通福地仙鄉縹緲青詞達禮帝
閣真若老天淵玉女顏色笑藐姑射
神人肌膚冰雪閨之白雲稱琅水遺
蹤尚在裴生玉杵向藍橋徐跡新

存龍變棗煙不讓紫烟羽客鶴賭
注髮何殊翠蛟仙翁覓卷聯娟手
蓬瀛墨飄祭花于閬苑珊瑚同樹
霄漢鸞情瑤草共枝烟霞鳳想
然而經百億閻浮幾見靈城偃邑
歷三千日月會須鴿影傳輝境纏

山歡後事　二堂京呈

怪牒爰今采鏡于坤壇玉版音文從此孔昭于帝邑天苑增鳳歎樓度便畫碧琉璃麗藻繁春花墨寶囊盈金鏤之瑤琳音振響玉架流芳豈豔一時將垂萬禩　嵩

萬曆玄黓攝提格仲秋望後七日

雉衡山人楊爾曾識

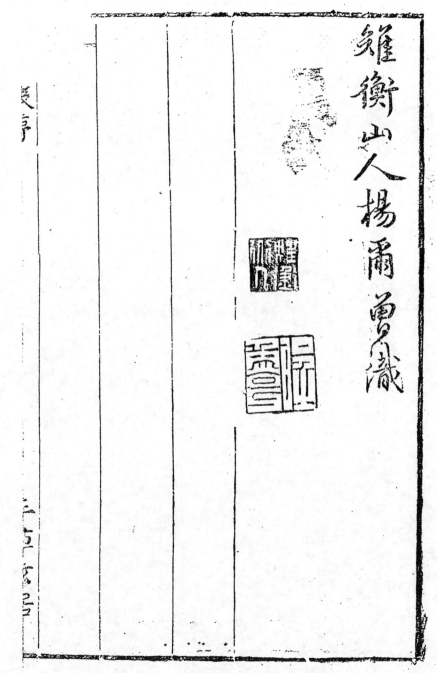

新鐫仙媛紀事／（明）楊爾曾編撰--影印本--臺北市：臺灣學生，民 78
14,651面；21公分--（中國民間信仰資料彙編第一輯；7）
ISBN 957-15-0017-8（精裝）：全套新臺幣 20,000 元

I（明）楊爾曾編撰 II 中國民間信仰資料彙編第1輯；7
272.08/8494 V. 7

中國民間信仰資料彙編 第一輯

王秋桂 李豐楙 主編

新鐫仙媛紀事（全一冊）

編撰者：明・楊爾曾
出版者：臺灣學生書局
發行人：丁文治
發行所：臺灣學生書局
臺北市和平東路一段一九八號
郵政劃撥帳號○○○二四六六～八號
電話：三六三四一五六號
本書局登記證字號：行政院新聞局局版臺業字第一一○○號
印刷所：明國印製有限公司
地址：台北市桂林路二四二巷五七號
電話：三○八九八二○
香港總經銷：藝文圖書公司
地址：九龍又一村達之路三十號地下後座
電話：三一八○五八○七
中華民國七十八年十一月景印初版

27203-7

ISBN 957-15-0017-8（套）